からだにおいしい

魚の便利帳

全国お魚マップ&万能レシピ

高橋書店

はじめに

「高カロリー」「悪玉コレステロール」「生活習慣病」といった
気になる単語が至るところで聞かれ、
いつのまにか健康を考えて食事する機会が増えました。
体を気遣うことはとても大切ですが、
カロリーの低さや特定の栄養素にこだわった
手軽な加工食品ばかりに頼るようでは、元も子もありません。
では無理なく、根本的に食生活を改善するにはどうすればよいのでしょうか。
そのいちばん簡単な方法が、肉中心の欧米型の食事から
魚を中心とした昔ながらの食事に変えることです。
近年、生の魚に触れたことすらない人も増えたようですが、
魚は肉と違い、良質なたんぱく源ながらも低カロリーで、
悪玉コレステロールを減らし、
過剰な中性脂肪を抑える効果までもっている優れた食材です。
これは、魚料理の多い日本食が世界各地で注目されていることからもわかります。
そもそも四方を海に囲まれた日本では、古くから漁業がさかんで、
その消費量は他国に類を見ないほど。
さらに近年は、養殖や鮮度管理技術の発達によって、
より低価格のおいしい魚がスーパーに並ぶようになりました。
そんな今だからこそ魚をおいしく味わいつくすことが、
私たちの体にいちばんいいことではないでしょうか。

本書では魚を、日本各地の市場や祭事、名物料理などとともに紹介しています。
この本で魚に興味をもっていただき、
より身近な食材としていただけたら、うれしいかぎりです。

CONTENTS

全国おさかな自慢

—おいしい魚を食べに行こう！—

―季節と地域の魅力を知ろう―

冬を味わう 79

春を味わう 97

夏を味わう 111

秋を味わう 133

旬をいつでもおいしく味わうための

万能 おさかな 調理法

生の料理 148

焼く 153

煮る 160

揚げる 168

CONTENTS

蒸す 172

常備菜 177

staff

アートディレクション／石倉ヒロユキ
企画・制作／ regia
制作協力／石崎公子
料理制作／豊口裕子
料理写真／石倉ヒロユキ
写真協力／ maruk
執筆／吉田和恵
料理協力／岩﨑由美
　　　　　齋藤葉子
　　　　　田中すま子
　　　　　橋本真奈巳
　　　　　真木文絵
　　　　　山下智子

参考文献

『うまい魚がすべてわかる本』
　プレジデント社
『コツと科学の調理事典』医歯薬出版
『さかなパワー』健学社
『主婦の友ベスト
　BOOKS　旬の魚図鑑』主婦の友社
『日本のおいしい食材事典』ナツメ社
『旬を味わう魚の事典』ナツメ社
『食材健康大事典』時事通信出版局
『食の医学館』小学館
『日本の海水魚』学習研究社
『日本の淡水魚』学習研究社
『浜から伝える魚調理事典』旭屋出版
『旬の食材　春の魚』講談社
『旬の食材　夏の魚』講談社
『旬の食材　秋の魚』講談社
『旬の食材　冬の魚』講談社
『カラー完全版
　魚の目利き食通事典』講談社
『食材図鑑　魚』永岡書店
『日本の食材帖』主婦と生活社
『旬の地魚料理づくし』講談社
『地魚大全』東京書籍
『日本各地の味を楽しむ食の地図』帝国書院

本書の使い方

全国おさかな自慢 p.9～78

魚介にまつわるおいしい情報をエリアごとに紹介

マップ

掲載情報の位置、そのエリアで獲れる魚介を示しています。

おいしい情報

●は新鮮な地元の魚介が手に入る市場、朝市、港の情報。■は地元ならではの料理や加工品、魚介の情報で、●はお祭りやイベントの情報です。

問い合わせ先

掲載されている画像に関しての問い合わせ先を巻末（P188～）にまとめています。画像下の番号と照らし合わせ、くわしい情報をお求めの際にお役立てください。

おさかな紹介 p.81～146

おいしい魚介を季節ごとにさまざまな情報とともに紹介

おいしいカレンダー

獲れる時季、おいしい時季を示しています。

基礎データ

その魚介類の英名、呼び名、標準和名、科、生息域、語源など、基本情報をまとめています。

選び方

新鮮なものを見分けるポイントなどを記しています。

産地マップ

おもな漁獲地を記しています。

食品成分表

可食部100gあたりのおもな栄養成分を「日本食品標準成分表（七訂）」に基づいてまとめてあります。あわせて、その魚種ならではの栄養的特徴や効果を紹介しています。

ポイント

おさえておけば失敗しない調理のコツや、裏技を紹介しています。

季節のおすすめ魚種

そのレシピに応用できる魚を季節ごとに記しています。

万能おさかな調理法 p.147～182

調理法ごとに、難しいテクニックを使わず魚料理を楽しめるレシピを紹介

全国おさかな自慢

―おいしい魚を食べに行こう！―

北海道

全国の名物マップ

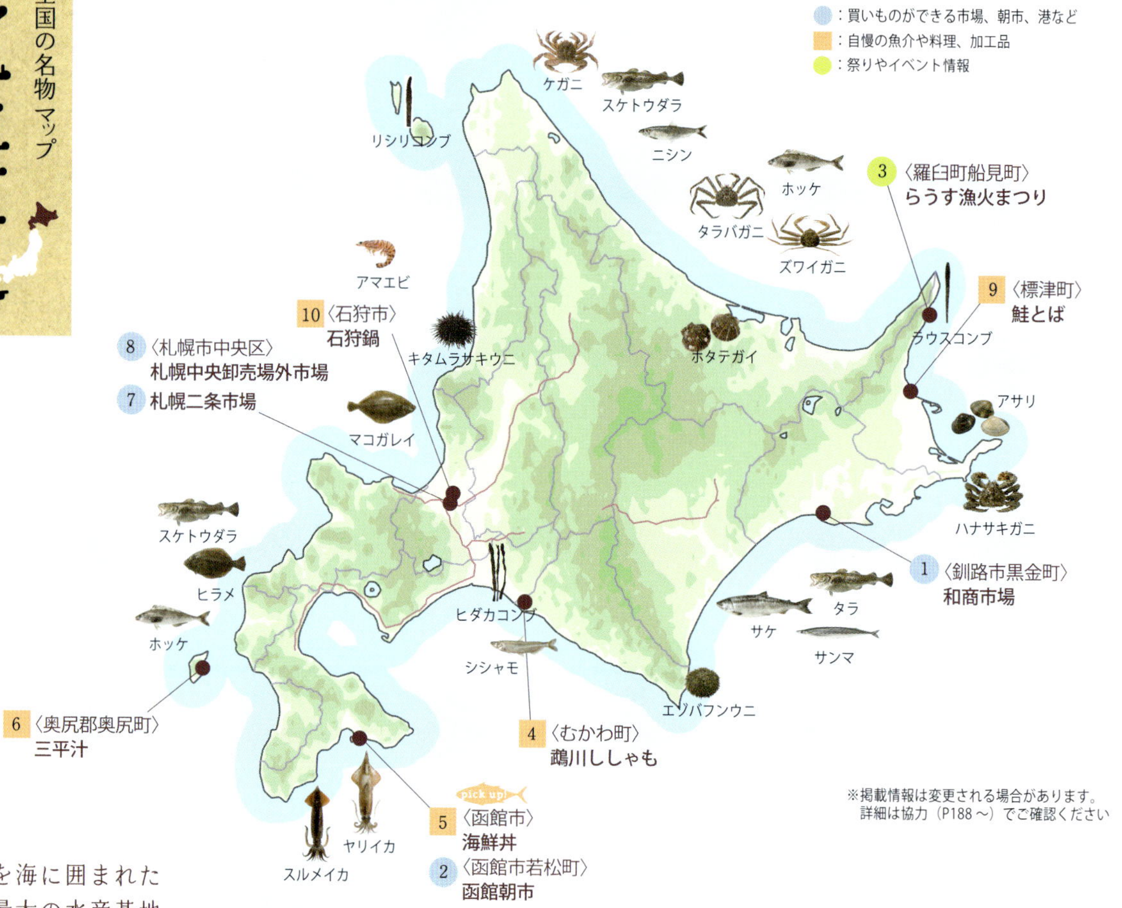

四方を海に囲まれた
日本最大の水産基地。
おいしい海の幸を目的に
毎年多くの観光客が訪れる

北海道 - ②

1 和商《わしょう》市場

釧路駅前にあり、魚介類はもちろん、精肉店、八百屋、食事処などなんでもそろっている。名の由来が掛け声の「わっしょい」と「和して商《あきな》う」を合わせたものというこの市場の名物は、なんといっても「勝手丼」。場内をまわって自分の好きなネタだけを集められるため、これを目当てに全国からやってくる観光客も多い。

名物「勝手丼」

北海道 - ⑭

2 函館朝市

函館駅に隣接し観光スポットとしても有名なこの大型朝市の年間来客数は、なんと 150 万人以上。鮮魚専門店以外にも、八百屋、乾物屋など約 280 軒もの店がひしめき合う。食堂も数多くあり、新鮮な旬の魚介類を使った料理が、その場ですぐ味わえる。

北海道 - ①

3 らうす漁火《いさりび》まつり

羅臼昆布ラーメン、シーフード・パエリアなどで新鮮な海の幸を味わえるほか、サケのつかみ取り、鮮魚販売などの催しものも行われる。羅臼のおいしい食材、料理が集まる大イベント。

時 9月下旬

pick up!

好みのネタを心ゆくまで

旬の魚介を一度に堪能できる海鮮丼は、函館名物のひとつ。カニ、いくら、ウニ、イカなどの魚介類をダイナミックにのせた盛りつけは、漁港の町ならではの豪快さがある。また、好みの魚介類だけでオリジナル海鮮丼をつくってくれる店があるのも、魅力のひとつ。

5 海鮮丼

北海道 - ④

4 鵡川《むかわ》ししゃも

シシャモは日本固有の魚で北海道南部の一部でしか獲れず、漁獲量もわずか。なかでもむかわ町のものは「鵡川ししゃも」として地域団体商標登録され、町の魚にも制定されている。もっともおいしく味わえる料理といえば「ししゃも寿司」と「ししゃも刺身」で、どちらも鮮度が命。漁が行われる約1か月しか味わえない。

時 10月～11月上旬

シシャモの刺身　北海道 - ③

6 三平汁

北海道 - ⑤

昆布でとっただし汁に野菜と塩づけされた魚を入れ、魚から抽出された塩味のみで煮詰めた素朴な汁もの。よけいな味つけはしない。現在は塩づけの魚だけでなく、季節の魚が使われたり、みそ味や酒かすで味つけしたりするなど、バラエティに富んだものになっている。奥尻島が発祥とされる。

7 札幌二条市場

明治のはじめから続く歴史ある市場で、北海道の特産品がところ狭しと並んでいる。ウニや毛ガニなどの新鮮な魚介類を生きたまま購入できるのはもちろん、市場の周囲には飲食店、居酒屋などが充実しており、北海道らしい美食を提供してくれる。

北海道 - ⑥

8 札幌中央卸売場外市場

隣接する卸売市場から毎日仕入れる鮮度バツグンの海の幸、山の幸がズラリとならび、値段交渉が活気よく行われている。

北海道 - ⑦

9 鮭とば

北海道 - ⑨

生ザケを縦に薄くスライスし、塩水につけ込んだあと、寒風干しした乾物。保存食として古くから北海道で親しまれ、サケのうまみが濃縮された身は、酒の肴や、お茶請けにぴったり。

10 石狩鍋

石狩市が発祥で、サケのぶつ切りやアラ、甘みを引き出すキャベツやたまねぎなどの野菜を、昆布でだしをとったみそ仕立ての汁で煮込む。うまみを引き出すために仕上げに山椒をふるのが本場流。

北海道 - ⑧

青森・岩手

全国の名物マップ

西は日本海、北は津軽海峡、東は太平洋に面している青森と複雑な入り江が続く三陸海岸沖を好漁場とする岩手には、良質な魚介が水揚げされる

青森 - ①

1 じゃっぱ汁

タラのアラ、大根やにんじんなどの野菜、豆腐などが入った、みそ味の汁もので、「じゃっぱ」とは津軽弁で「魚のアラ」をさす。栄養たっぷりで体を温めてくれるこの汁ものは、津軽地方の正月料理に欠かせない食べものである。

※掲載情報は変更される場合があります。詳細は協力（P188～）でご確認ください

pick up!

日本一の値がついた高級マグロ

2 大間のマグロ

いわずと知れたマグロのブランド。明治時代から伝わる一本釣り漁法で獲る100kg級の大間産マグロは、高値で取り引きされる高級魚。脂ののった身は口のなかでとろけるほどやわらかく、美味。

アブラツノザメの煮つけ　青森-②

4 サメ

青森では昔からよく食べられており、津軽地方では「アブラツノザメ」を、南部では「モウカザメ」などが食用に。やわらかくてクセのない身は、焼きもの、煮つけ、フライなど多様な料理に向いており、すこぶるおいしい。またコラーゲンやカルシウムなど、栄養が豊富なため、健康食品としても注目されている。

サメ節　青森-②

5 八食《はっしょく》センター

青森-④

水揚げされたばかりの魚介類、乾物、珍味、八戸名物などを取り扱う約60店舗が軒を連ねる。市場で買ったばかりの食材を七輪で焼いて食べられる七厘村や、幼児が遊べるスペースもあり、観光客だけでなく地元の人たちにも愛されている市場。

7 若生《わかおい》まんま

やわらかい若い昆布で炊きたてご飯を包んだおにぎり。昆布のうまみと天然の塩味が、食べた瞬間に口のなかに広がる青森のおふくろの味。

青森-③

青森-⑥　いちご煮祭り

3 いちご煮

青森-①

青森-⑤

ウニとアワビを使ったお吸いもので、汁椀に盛りつけたときに乳白色の汁に沈むウニの色合いが「朝もやのなかに見える野いちご」にたとえられたことから、この名がついた。上品な見た目と磯の香りが食欲をそそる八戸名物の郷土料理。階上町では毎年7月下旬に、「いちご煮祭り」を開催する。

6 蟹としろうお祭り

外ヶ浜町で行われるお祭りで、産卵のために蟹田川に遡上したシロウオを、河川敷に設置された特設店舗にて格安で食べられる。さらに、1年に1週間しか漁ができない幻の「トゲクリガニ」も味わえる。期間中には「シロウオすくい」、「ホタテ釣り」などの体験イベントもあり、家族そろって楽しめる。　時 毎年4月下旬～5月上旬

青森-③

8 二子《ふたこ》朝市

地元の女性たちが中心となり新鮮な魚介類を販売する、活気ある朝市。とくに夏は生ウニ、秋はサケ、冬はアワビが格安で買えるとあって、地元でも人気となっている。

時 5月～12月の第3土曜日

岩手-①

岩手-②

9 宮古毛ガニまつり

毛ガニの販売、カニ釣り、カニ汁などカニざんまいの催しものが行われ、多くの家族連れや観光客でにぎわう。

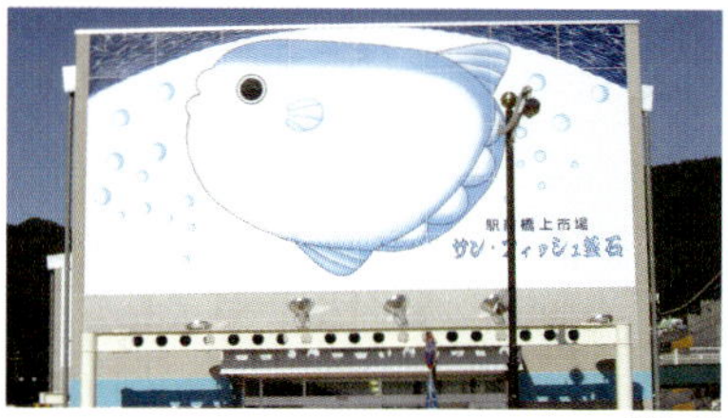

岩手-④

10 サンフィッシュ釜石

JR釜石駅前にあり、ウニ、ワカメ、いくらをはじめ、新鮮な魚介類、海鮮珍味などがとりそろえられている。2階は食堂で、おいしい釜石料理でもてなしてくれる。

11 北限の海女《あま》フェスティバル

素潜りの実演見学だけでなく、海女たちが獲ってきた新鮮なウニをその場で味わえるイベント。海産物の即売会も行われ、美しい海を見ながら楽しめる。

時 8月の第1日曜日

岩手-①

12 宮古市魚菜市場

国内きっての好漁場が近く、四季折々の鮮魚や海産物、さらには山菜、野菜などが集まる。買いものをしながら宮古市の自然を感じられる。

岩手-③

岩手-①

13 久慈の市日

久慈の歴史を今に伝える地元の特産物がズラリと並び、港町ならではの雰囲気を味わえる。

時 毎月「3」と「8」のつく日

岩手 - ⑥

14 おさかなセンター三陸

市場から直送された活きのいい魚介類やおいしい加工品、珍味がとりそろえてある人気スポット。２階には、大船渡湾を眺めながら旬の海産物を味わえる食堂がある。

岩手 - ⑦

15 三陸大船渡浜一番まつり

おいしい炭火焼きカキが無料で提供され、マグロの解体、カキむき体験なども催される。新鮮な水産物の即売コーナーもあり、毎年多くの人でにぎわう。

16 三陸大船渡さんままつり

全国有数のサンマ漁水揚港として知られる大船渡港の祭り。炭火焼きサンマがふるまわれ、小学生以下が対象の釣りゲームなども行われる。旬のサンマをさまざまな形で楽しめる。

岩手 - ⑥

岩手 - ⑧

17 三陸の魚の惣菜

釜石で水揚げされた脂がのった旬のサンマ、サバ、サケなどを、しょうが煮やみそ煮などの惣菜に加工したもの。全国に発送している。

pick up!

三陸の珍味はお土産に最適

19 ホヤ

洋野町種市の名産珍味として知られている。おいしいホヤ飯が簡単につくれる「ほや飯の素」をはじめ、くんせい、煮つけなどさまざまな加工品は、土産、お取り寄せ商品としてたいへん人気がある。

ホヤ飯　岩手 - ⑨

ホヤラーメン　岩手 - ⑨

18 三陸海宝漬

地元の料亭が考えた海鮮づけ。メカブ、いくら、アワビを合わせたしょうゆづけは、見た目にも豪華で味も上品。さまざまな媒体で紹介され、全国的に有名になった。

岩手 - ⑤

宮城

全国の名物マップ

寒流と暖流がぶつかり合う三陸沖は好漁場として世界的に有名。多くの漁業基地があり、リアス式の湾内では養殖業がさかんに行われている

※掲載情報は変更される場合があります。
詳細は協力（P188～）でご確認ください

pick up!

最高級品を楽しめる一大サメ産地

1 フカヒレ

日本一のサメ水揚げ量を誇る気仙沼は、フカヒレの産地としても日本一。市内にはフカヒレを使った寿司やラーメンなど、オリジナルメニューを提供する飲食店が多い。

フカヒレラーメン
宮城 - ②

フカヒレ寿司
宮城 - ①

フカヒレ姿煮
宮城 - ②

2 気仙沼朝市

早朝5時ごろから行われる朝市。気仙沼港で水揚げされた鮮魚や水産加工品、さらには近郊で収穫された農産物が多く並び、市民はもちろん、多くの観光客などでにぎわう。

時 毎週日曜日

宮城 - ①

3 モウカのほし

宮城 - ①

モウカザメ（ネズミザメ）の心臓の刺身で、サメの水揚げ量日本一を誇る気仙沼ならではの料理。臭みが少なく、酢みそで食べるのが一般的。

4 あざら

宮城 - ①

メヌケ（赤魚など）、白菜の古漬け、酒かすをよく煮込んだ気仙沼の郷土料理。独特の酸味は一度食べるとやみつきに。

宮城 - ②

5 松島のカキ

黒潮と親潮がぶつかる三陸沖は良質なカキが育ちやすく、養殖もさかん。大粒でうまみが強く、生食のほか、焼きもの、鍋もの、揚げものなど調理法も多彩で、全国で食べられている。

宮城 - ②

6 松島かき祭り

メインイベントは全長100 mの大炉端。カキやホタテを自由に焼いて食べられるほか、カキ鍋、焼きガキなどのカキ料理が無料でふるまわれる。

時 2月の第１土・日曜日

7 ボッケ

標準和名はケムシカジカという、宮城特産の魚。11月に旬を迎え、身は鍋やみそ汁、卵はしょうゆづけにされることが多い。

宮城 - ③

ケムシカジカ

8 笹かまぼこ

白身魚の身をすりつぶし、塩、卵、酒を加えて味つけし笹の形に焼きあげたもの。仙台駅の土産品として有名だが、県内各地でつくられている。

宮城 - ②

9 ホッキガイ

宮城 - ④

独特の甘みをもち、刺身、バター焼き、お吸いものなどあらゆる料理で楽しめる。水揚げ量県内第１位を誇る山元町は、ほんのりとした磯の香りと肉厚の身が味わえる「ホッキ飯」の発祥の地とされている。

ホッキ飯　宮城 - ④

宮城 - ②

ホヤの珍味　宮城 - ⑤

10 ホヤ

宮城は「海のパイナップル」と呼ばれるホヤの全国有数の産地。県内では、生食、酢のもの、みそ焼きなどさまざまな料理を楽しめる民宿や料理店が多い。また、特製ダレにつけ込んで乾燥させた珍味や干物などは、酒の肴にぴったりで観光客にも人気。

秋田・山形

全国の名物マップ

豊かな川と湖のある両県は
おいしい川魚が多く獲れ、
さらに栄養豊富な
河水が流れ込む沖では
さまざまな魚介が水揚げされる

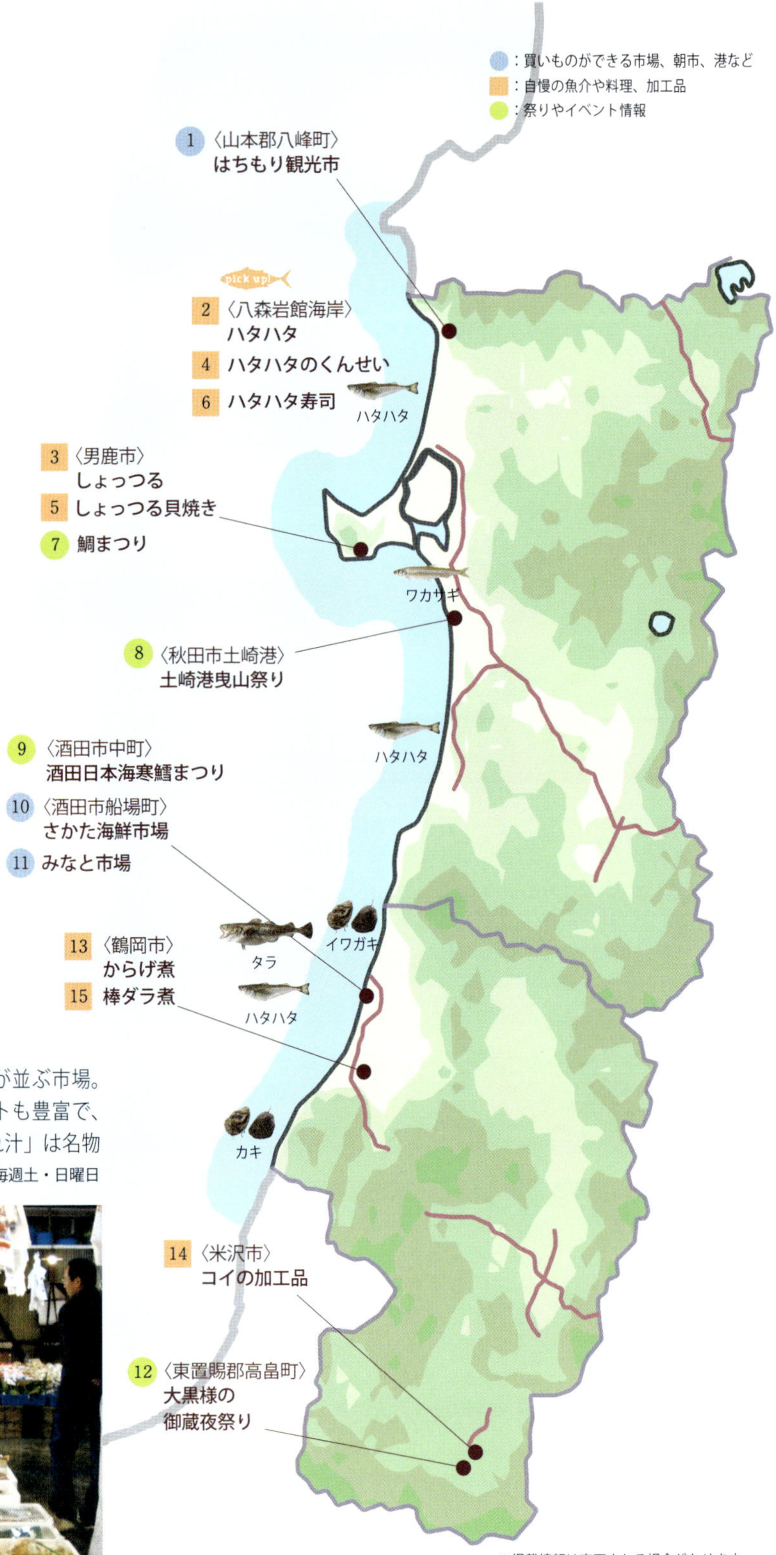

※掲載情報は変更される場合があります。
詳細は協力（P188～）でご確認ください

1 はちもり観光市

週末に新鮮な魚介、山菜、町の特産品が並ぶ市場。タラ祭り、イカ祭りなど季節のイベントも豊富で、ホッケをすりつぶした「ホッケのつみれ汁」は名物になっている。

時 毎週土・日曜日

秋田-①

pick up! **江戸時代以前から親しまれる、郷土の魚**

2 ハタハタ

県魚として、秋田でもっとも親しまれている魚。雷の鳴る11月ごろに、ふだん生息している海底から産卵のため海面に上がってくることから、別名「カミナリウオ」と呼ばれる。メスの卵はブリコと呼ばれ、珍重されている。

秋田 - ③

3 しょっつる

秋田 - ⑤

日本三大魚醤のひとつで、伝統的製法ではハタハタを塩だけで漬け込んで、しぼり出した調味料。深みのある独特のコクと味は、秋田の鍋には欠かせない。またドレッシングやラーメンなどの隠し味として使われることも多い。

4 ハタハタのくんせい

秋田 - ④

手でていねいにハタハタを開き、塩づけしてくんせいにしたもの。骨まで食べられるほどやわらかく、くんせい独特の風味をもつ身は、しっとりとした食感で、酒のつまみにおすすめ。

5 しょっつる貝焼き

秋田 - ③

鍋の代わりに大きなホタテガイの貝がらを使い、ハタハタまたはイワシ、野菜、豆腐などをのせ、しょっつるで味を調えた焼きもの。貝風呂《きゃふろ》と呼ばれる七輪で煮詰めながら焼く。

6 ハタハタ寿司

下処理して酢に漬けたハタハタを、ご飯、米こうじ、にんじん、かぶ、コンブなどといっしょに桶に入れる。そして重しをして3～4週間漬け込み、発酵させたもの。一尾まるごと漬けた「一匹寿司」と、切り身にして漬ける「切り寿司」があり、前者が一般的。古くから保存食とされ、年末年始の祝い膳に欠かせない郷土料理である。

7 鯛まつり

このイベントに加盟する男鹿市内のホテル・旅館・飲食店など15施設で行われる食の祭典。この時季に旬を迎えるタイをメインとした料理を、宿泊プランやランチ、ディナーで楽しめる。

時 5月～6月

秋田 - ②

8 土崎港曳山《つちざきこうひきやま》祭り

秋田市土崎港で約400年近い歴史がある由緒あるお祭りで、別名「カスベ祭り」と呼ばれる。各家庭でエイの乾物を甘辛く煮て、祭りの際に食べたり来客をもてなしたりする習慣がある。

時 7月20日～21日

秋田 - ③

9 酒田日本海寒鱈まつり

寒ダラは日本海の冬の味覚の王者。脂ワタと呼ぶ肝臓を溶いたみそ仕立ての酒田名物「どんがら汁」を食べながら、さまざまな催しものが楽しめる酒田市のイベント。

山形 - ①

時 1月下旬の土・日曜日

どんがら汁　山形 - ⑤

山形 - ②

10 さかた海鮮市場

酒田港で水揚げされた新鮮な魚介類や地元産の野菜を豊富に扱う市場。食事処のある2階では、港をながめながら、新鮮でおいしい海鮮丼や刺身船盛りを良心的な価格で食べられる。

11 みなと市場

酒田市の恵まれた自然の幸を市民や観光客に提供する場として2010（平成22）年にオープン。鮮魚だけでなく、地元特産の野菜、果物、酒などを扱う9店が、活気にあふれた街づくり、港づくりにひと役買っている。

山形 - ②

12 大黒様の御蔵夜祭り

七福神の大黒天が年を越すといわれる12月9日に行われる祭り。庄内地方では、子孫繁栄の縁起ものとしてハタハタの田楽、「家族全員がマメに暮らせますように」との願いから黒豆ご飯や納豆汁など豆づくしの料理を、その日に食べる。神事や奉納演舞を行う山王神社周辺では、日本の文化講座や大黒舞いが披露される。

時 12月9日

13 からげ煮

山形 - ③

エイを砂糖、しょうゆで煮込んだ古くから伝わる郷土料理で、軟骨のコリコリとした歯ごたえはやみつきに。山形では、お祭りや祝いの席にごちそうとしてふるまわれる。

14 コイの加工品

米沢藩主上杉鷹山が江戸時代に栄養源として蓄養を奨励したことが有名。県内のコイの養殖加工業者はどこも昭和中期以前の老舗。砂糖、しょうゆ、酒などのタレで身がとろけるほど煮た「コイの甘煮」や「甘露煮」は山形の年末年始には欠かせず、調理過程で骨まで軟らかくした商品も人気。

甘露煮　山形 - ⑤

甘煮

鯉ぶかし

山形 - ④

15 棒ダラ煮

棒ダラとはタラを天日干ししたかたい乾物で、たんぱく源の少ない山形では貴重な食材だった。これをひと晩かけて水で戻し、甘辛くじっくり煮込んだのが棒ダラ煮。お盆やお正月に欠かせない滋味深い料理として、今も県民に愛されている。

山形 - ③

ご当地 駅弁・空弁 ①

北海道 - ⑫

北海道

イカスミごはんのいかめし

イカスミで味つけされたご飯がイカにぎっしり詰まった、旭川の新名物弁当。値段も格安でうれしい。

北海道 - ⑩

北海道 石狩鮨

上質の北海道産サケとカニのむき身をたっぷり使った、ぜいたくな押し寿司。新千歳空港では、30年以上のロングセラー空弁として有名。

北海道 - ⑬

北海道 かきべん

全体にカキの味つけご飯が敷き詰められ、その上にカキ、アサリ、山クラゲ、ヒジキがちりばめられた味わい深い駅弁。

北海道 - ⑪

北海道 石狩鮭めし

現在、札幌駅で発売している弁当のなかでももっとも歴史が古く、1923（大正12）年からのロングセラー駅弁。「札幌駅の味」と呼ぶにふさわしく、サケご飯にいくらをたっぷりとぜいたくにのせた、ボリューム満点の逸品。

青森 - ⑦

青森 ほたて舞茸

ふたを開けた瞬間に食欲をそそる香りが立ちのぼる空弁で、冷めても美味。おいしい炊き込みご飯にホタテ、まいたけ、しいたけなどの青森の海の幸、山の幸がふんだんに盛りつけられ、素朴な味わいが楽しめる。

青森 - ⑧

青森 八戸小唄寿司

三味線の胴に見立てた押し寿司を、付属のばちをかたどったヘラで切り分けながら食べる、民謡八戸小唄を表現した駅弁。八戸近海産の締めサバと脂ののったベニサケは食べごたえ充分。1961（昭和36）年の発売以来、東北を代表する有名駅弁でお土産にも大人気。

岩手 平泉うにごはん

小さな箱にあふれんばかりのウニ、いくら、錦糸卵などが彩りよく盛られ、土産ものとしても大人気の駅弁。

岩手 - ⑩

岩手 - ⑪

岩手 三陸三《さん》味《み》

岩手産ひとめぼれのご飯に三陸産のアワビ煮、サケそぼろ、味つけいくら、錦糸卵がきれいに盛られた、見るからに食欲をそそる逸品。

宮城 みやぎ黄金海道

宮城県産環境保全米の「ひとめぼれ」白飯の上に宮城特産のホッキガイ、いくら、サケ、ウニ、ホタテなどをたっぷり敷き詰めた海鮮づくしの弁当。

宮城 - ⑥

秋田 - ⑥

秋田 日本海ハタハタすめし

特製しょうゆダレに48時間つけ込んでから焼きあげたハタハタとあきたこまちのご飯は、どちらも秋田産で相性ぴったり。箸休めのつけ合わせには秋田名物の漬けもの、いぶりがっこが入り、秋田をたっぷり楽しめる弁当になっている。

山形 鯉弁当

1899（明治32）年の発売以来根強い人気を誇る限定弁当。秘伝のタレで長時間煮込んだコイの甘露煮は、やわらかくしっかりと味がしみ込んで、昔ながらの郷土の味を楽しめる。

山形 - ⑥

※掲載情報は変更される場合があります。

福島・茨城

全国の名物マップ

豊かな漁場ではイワシ、
ヒラメなどの魚介類が水揚げされる。
とくにアンコウは両県とも
全国有数の水揚げ量を誇り、
両県の郷土料理になっている

●：買いものができる市場、朝市、港など
■：自慢の魚介や料理、加工品
●：祭りやイベント情報

※掲載情報は変更される場合があります。
詳細は協力（P188～）でご確認ください

福島 - ①

1 道の駅「よつくら港」

国道6号線上にある、福島で20番目の道の駅。直売所では、隣接する四倉漁港と久之浜漁港から水揚げされた、新鮮な魚や名産のホッキガイなどが販売され、フードコートでは地元の食材を使った料理を楽しめる。

2 松川浦のアサリ

福島で唯一の産地で、毎年4月～9月に漁獲量を定めて計画的な漁業が行われている。潮干狩りも催され、大粒で肉厚のジューシーな身を求め、解禁日を待ちこがれている人も多い。

福島 - ①

3 カスベ

ガンギエイ　福島 - ①

唐揚げ　福島 - ①

福島から北で獲れるガンギエイをカスベといい、多くはヒレだけが売られている。煮つけや唐揚げにして食べるとおいしい。

4 青のり

相馬では冬になると生産がピークを迎える。新鮮なものを洗って干し、そのまま天ぷらやみそ汁にして食べるほか、ふりかけや佃煮に加工される。

福島 - ①　天ぷら

福島 - ①　みそ汁

5 相馬のホッキガイ

全国でも有数の水揚げ量で、とくに有名なのが相馬産のホッキガイ。磯の香りが強く、ふっくらとした身は刺身や天ぷらによく合う。福島では刻んだホッキガイを甘辛く煮つけて、ご飯と混ぜ合わせるホッキ飯が定番料理。

ホッキ飯　福島 - ①

6 コウナゴ

常磐沖の早春の風物詩といえば、コウナゴの水揚げ。イカナゴの稚児魚で、釜ゆでにして干したものや、甘露煮風の佃煮にしたものが出回る。

福島 - ①

7 イワシ

常磐沖では12月～翌2月にかけて多く水揚げされるが、近年福島でいちばん獲れるのはカタクチイワシで、セグロと呼ばれている。続いてマイワシで、ウルメイワシは極めて少量。

福島 - ①

8 サンマ

福島 - ①

脂ののったサンマは北海道から南下し、10月～11月ごろに常磐海域に漁場が移る。水揚げ量は全国でもトップクラス。焼くのはもちろん、刺身、干物などにしても美味。

9 ドンコ

その姿に似つかわしくない淡白な身と濃厚な肝が魅力で、冬においしくなる。みそ仕立てのドンコ汁や煮つけ、干物など楽しみ方がいろいろあり、県民に親しまれている魚。

福島 - ①

10 カレイ＆ヒラメ

福島 - ①　ヒラメ

福島 - ①　マコガレイ

福島では底びき網漁業がさかんで多く獲れる。煮つけがおいしいマコガレイ、干物に合うヤナギムシガレイ、刺身が極めて美味とされるホシガレイなど、多くのカレイが水揚げされる。また、冬がとくにおいしいとされるヒラメの水揚げ量は全国上位を誇る。

pick up!

脂肪のうまみが絶品のブランド鯉

11 コイ

明治時代の開拓によりかんがい用の池がつくられ、それを利用して養殖の歴史が始まった。郡山のコイは脂肪部分にうまみがあるのが特徴。そして現在、全国生産量第1位を誇り、郡山ブランド認証産品となっている。

コイこく

12 サケ

サケ漁がさかんな福島県浪江町の請戸川では、最盛期につかみ取りイベントや期間限定で一般向けのサケ釣りが解禁になる。また、双葉地方では塩引きのサケ、会津若松ではわっぱ飯でいくらが使われるなど、福島には名産品が多い。

福島 - ①

福島 - ①

13 メヒカリ

「いわき市の魚」に選定され、白身ながらもほどよく脂がのったおいしい魚。鮮度がよければ刺身や寿司ネタにするのがおすすめだが、鮮度の落ちが早い。一般には薄塩で半日ほど干して、焼いたり唐揚げにしたりして食べられる。

14 カツオ

いわき地方では、人が大勢集まるときには必ずといっていいほどたたきにして出される。常磐沖で獲れたカツオは身が引き締まり、脂ののりがよく美味。刺身を食べるときは、地元ではわさびでなく、おろしにんにくやおろししょうがを使う。

福島 - ②

15 ウニの貝焼き

ウニの身を3、4個ホッキガイにのせて蒸し焼きにしたもの。新鮮なウニが獲れる5月から7月までの3か月間しか食べられない。蒸し焼きにすることで甘みが増し、さらに生よりも日持ちするので、昔は保存食として重宝した。

福島 - ②

福島 - ①

16 小名浜あんこう祭

いわき市小名浜の旅館やホテルの組合加盟店で、アンコウを堪能できるイベント。アンコウ鍋はもちろん、各旅館が工夫を凝らした創作メニューを楽しめる。ただし、事前予約が必要。

時 12月～翌3月

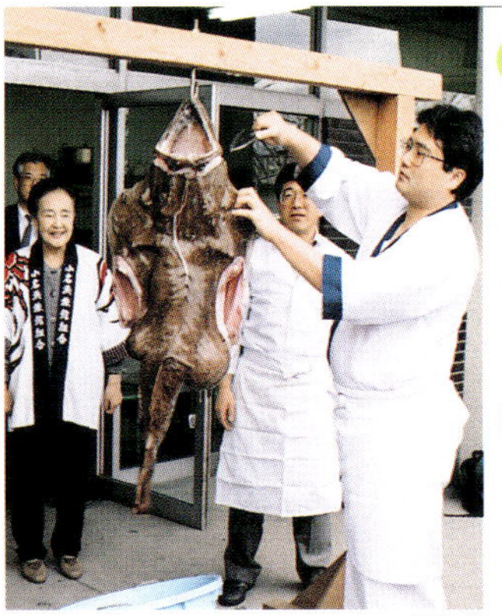

福島 - ①

17 カニ

福島は多種多様なカニが獲れ、なかでもズワイガニとケガニは相馬産、ベニズワイガニは小名浜産のものがおいしいとされている。旬を迎える冬には、新鮮なカニが常磐沖の漁港で味わえる。

18 雨情の里港まつり

大津漁港敷地内で開催される祭りで、アンコウのつるし切り実演やアンコウ鍋の販売、サンマのつかみ取りなどが行われる。また歌謡ショー、バザー、遊覧船によるクルージングなどもあり、盛りだくさんのイベントで一日中楽しめる。

時 11月の第1日曜日

茨城 - ②

茨城 - ①

19 那《な》珂《か》湊《みなと》おさかな市場

県下最大級の漁港である那珂湊漁港に隣接し、新鮮な魚が驚きの安さで買えることもあって、関東を代表する観光市場になっている。回転寿司店やレストランもあり、港町ならではの食事を楽しめる。

20 日立おさかなセンター

久慈漁港に揚がった新鮮な魚介類を地元の漁師が販売する直売所。リーズナブルな値段でよいものが買え、さらに魚の料理教室も行われるとあって、地元の人にも親しまれている市場。2階には大型レストランが設けられ、魚介をふんだんに使った大人気のランチもある。

茨城 - ①

21 鹿島灘のハマグリ

短くとも5年、長いものは10年育ってから水揚げされるので、身が大きく食べごたえ充分なものばかり。また、荒い海で育っているため、身に弾力があり、食感が非常にいい。

茨城 - ③

22 ハマグリ祭り

大竹海岸ほかの地域イベント。料金を払い、砂浜に機械で放流されたハマグリを、合図に合わせていっせいに潮干狩りをするもの。家族で楽しめ、運がよければ大漁の可能性もある。

時 4月中旬～6月中旬の毎週末

茨城 - ⑤

pick up!

茨城 - ①

濃厚で臭みのない肝のうまみはぜひ冬に味わいたい

23 アンコウ鍋

茨城の定番で、「アンコウの七つ道具」（P82参照）と呼ばれるほぼすべての部位を、季節の野菜、豆腐などとともに鍋に入れ、みそで味を調えたもの。「肝を乾《から》煎《い》りしてから具を入れる」「だしはアンコウの骨でとる」など、つくり方は各家庭で異なる。

全国の名物マップ

千葉・東京

太平洋に長い海岸線をもつ千葉では古くから水産業がさかんで、伊豆諸島、小笠原諸島もある東京でもおいしい魚を楽しめる

※掲載情報は変更される場合があります。
詳細は協力（P188～）でご確認ください

1 勝浦朝市

400年以上も続く、日本三大朝市のひとつ。新鮮な海の幸、山の幸や、自家製の干物など、地ものの食材を売る約70の店が路地を埋めつくす。活気あふれる朝市は、見て歩くだけでも楽しめる。

千葉 - ②

2 銚子極上さば料理祭

期間中、銚子港で水揚げされた極上の寒サバを、祭りに加盟するお店で味わえるイベント。遠方からのリピーターも多く、共通メニュー「うめえもん流極上さばづくし」は毎年いちばん人気になっている。

時 11 月中旬～ 12 月初旬

3 銚子の超おいしいサンマ祭り

サンマの特産地である銚子で 2010 年から始まった、町を活性化するためのイベント。脂ののった炭火焼きのサンマが、銚子駅前通りで 5000 尾以上無料でふるまわれる。

時 10 月上旬

千葉 - ③

千葉 - ④

4 きんめだいまつり

千葉県ブランド水産物第 1 号に認定された、銚子のキンメダイを広く PR するために開催される祭り。販売はもちろん、おいしい料理の試食、料理教室など、イベントが盛りだくさん。

時 9 月上旬

5 つみれ汁

千葉 - ②

銚子を中心とする九十九里浜一帯は、イワシ漁がさかん。地元産の野菜や調味料と合わせて簡単につくれるつみれ汁は、古くから家庭料理として親しまれている。

6 シジミ丼

かつてはおいしいシジミが獲れていた東庄町。シジミ、たまねぎ、卵と地元でつくられたしょうゆを使ったシジミ丼が、今も郷土料理として親しまれている。

千葉 - ①

千葉 - ⑥

7 おんじゅく伊勢えび祭り

千葉県外房の御宿町で行われるイベント。期間中、地域の飲食店では、オリジナルメニューが格安で味わえ、さらに土日祝日には、格安で伊勢エビを買える直売所が設けられる。メインイベントには、つかみどり、伊勢エビ汁の無料配布などが行われる。

時 9 月 1 日～ 10 月 31 日

8 浦安魚市場

浦安駅から徒歩 2 分と近く、地元の人のみならず観光客にも人気の市場。新鮮な大衆魚はもちろん、スーパーでは見かけないめずらしい魚や高級魚も取り扱う。また場内では、ご当地名物の焼きハマグリやウナギのかば焼きもリーズナブルな値段で食べられる。

千葉 - ⑦

9 包丁式

日本で唯一、料理の祖神を祀る高家《たかべ》神社で行われる宮中行事。手をいっさい触れることなく、包丁と箸だけでコイ、マダイなどをさばく熟練の技は、日本料理の伝統を感じさせる。

10 サンマのつかみ取り

水揚げされたばかりの脂ののったサンマを、新鮮なうちにつかみ取りできるイベント。それを炭火焼きしたものも格安で食べられ、秋の味覚をたっぷり楽しめる。道の駅ちくら・潮風王国で年に一度行われる。

時 9月～10月

千葉 - ⑦

千葉 - ⑦

11 白浜海女まつり

白浜町で海の安全と豊漁、海女技術の伝承を祈願するために、白装束に身を包んだ100人の海女さんたちが、松明を持って夜の海を泳ぐ。盆踊りや打ち上げ花火も行われる。

時 7月

12 無料観光地引網

早朝に岩井海岸で行われる、参加費無料の地引網漁。獲れた魚を持ち帰れるので、人気の体験イベントになっている。また岩井海岸の民宿に宿泊している人は、朝食でバーベキューにしてもらうことも可能。 時 7月～8月

千葉 - ⑦

佃煮ホタテ

佃煮コンブ

佃煮ハゼ

佃煮シラス

東京 - ①

14 江戸前佃煮

昔は離島だった佃島で考案された魚介類の保存食。江戸時代に大名行列の土産ものとして全国に広まったとされ、現在でも東京名物として親しまれている。

13 神津島の神事かつおつり

伊豆諸島の神津島で行われる、豊漁を祈ってカツオのマネをする祭り。全国的にもめずらしい祭りとされ、重要無形民俗文化財に指定されている。 時 8月

東京 - ④

15 べっこう寿司

東京 - ②

島で獲れるシマアジ、カンパチなどをネタにした握り寿司で、特徴的なのはネタを練りがらしや唐辛子を入れたしょうゆにひたすところ。ピリッと甘辛くておいしい郷土料理。

(P119参照)

pick up!

世界中からおいしい魚が集まる

16 築地

全国から集まる鮮魚をはじめ、青果類、肉類など食に関するものがなんでもそろう、東京の台所。業者だけでなく、外国人観光客にも人気の名所になっている。

神奈川

全国の名物マップ

遠洋漁業の基地として有名な
三浦半島の三崎港をはじめ、
新鮮なシラスや地魚を食べられる
湘南の海は、観光客に大人気

※掲載情報は変更される場合があります。
詳細は協力（P188～）でご確認ください

神奈川 - ①

神奈川 - ①

三崎朝市

1 朝市＆直売所

新鮮な魚介類が集まる朝市は、地元民、観光客ともに人気のスポット。横須賀市、鎌倉市、藤沢市、平塚市、小田原市など、海に面している市町村では、活気ある朝市が数多く催されている。新鮮な魚介類、野菜を格安で買え、特産のマグロを使った名物「まぐろぶっかけ丼」も楽しめる三浦市の「三崎朝市」は、その筆頭格。

2 横浜のシャコ

小型底びき網により東京湾で漁獲され、体長11cm以上のものが出荷されている。旬は春から夏で、江戸前の寿司ネタとして有名。

神奈川 - ②

神奈川 - ②

3 横浜のアナゴ

東京湾でアナゴ筒を使って漁獲される体長36cm以上のアナゴ。江戸前ものとして寿司、天ぷら、白焼きなどで食される。

神奈川 - ②

pick up!

絶品のマグロづくしを味わえる

5 三崎のマグロ

マグロの遠洋漁業の基地として知られる三浦市の三崎漁港には、世界中から冷凍マグロが集まることでも知られている。港周辺には、刺身、頭を丸ごと焼いた「かぶと焼き」、しゃぶしゃぶなど、極上の地元料理を味わえる店がある。

神奈川 - ②

4 松輪サバ

三浦市松輪地区で一本釣り漁で漁獲され、肉づきがよく脂がのって美味。8月半ばに旬を迎えるものは胴から尾にかけて黄色いすじが入り、「松輪の黄金サバ」と呼ばれる。この地のサバの最高級品。

6 三浦ブランド

三浦商工会議所が地域活性化につなげるべく、地元名産の特産品でつくった商品ブランド。有名な三崎マグロを使った「三崎マグロラーメン」「トロバーグ」「マグロくんせい」などがある。

神奈川 - ③

マグロくんせい

神奈川 - ③

三崎マグロラーメン

神奈川 - ①

7 三崎港町まつり

三崎港で開催される、マグロがメインのビッグイベント。三浦半島のおいしいものをそろえた即売会や、マグロが1尾当たる大抽選会など、楽しい催しものが盛りだくさん。

時 10月下旬の日曜日

8 湘南のシラス

相模湾沿岸の横須賀市から大磯町にかけて獲れる「生シラス」は足が早いため、獲れた日にしか食べられない。もちろんゆでた「釜揚げシラス」「シラス干し」も絶品。

神奈川 - ②

9 相模湾のアジ

黒潮の流れを受ける相模湾では、身の引き締まったアジが定置網や一本釣りで漁獲される。おもな水揚げ地は小田原、三浦、真鶴で、相模湾沿岸の家庭では寿司、フライ、すり身、酢のものなどさまざまな料理にされる。

神奈川 - ②

10 小田原のかまぼこ

板にグチなどの魚のすり身を扇形に盛って蒸したもの。色ツヤがよく、適度な弾力があるのが特徴。

神奈川 - ②

静岡

全国の名物マップ

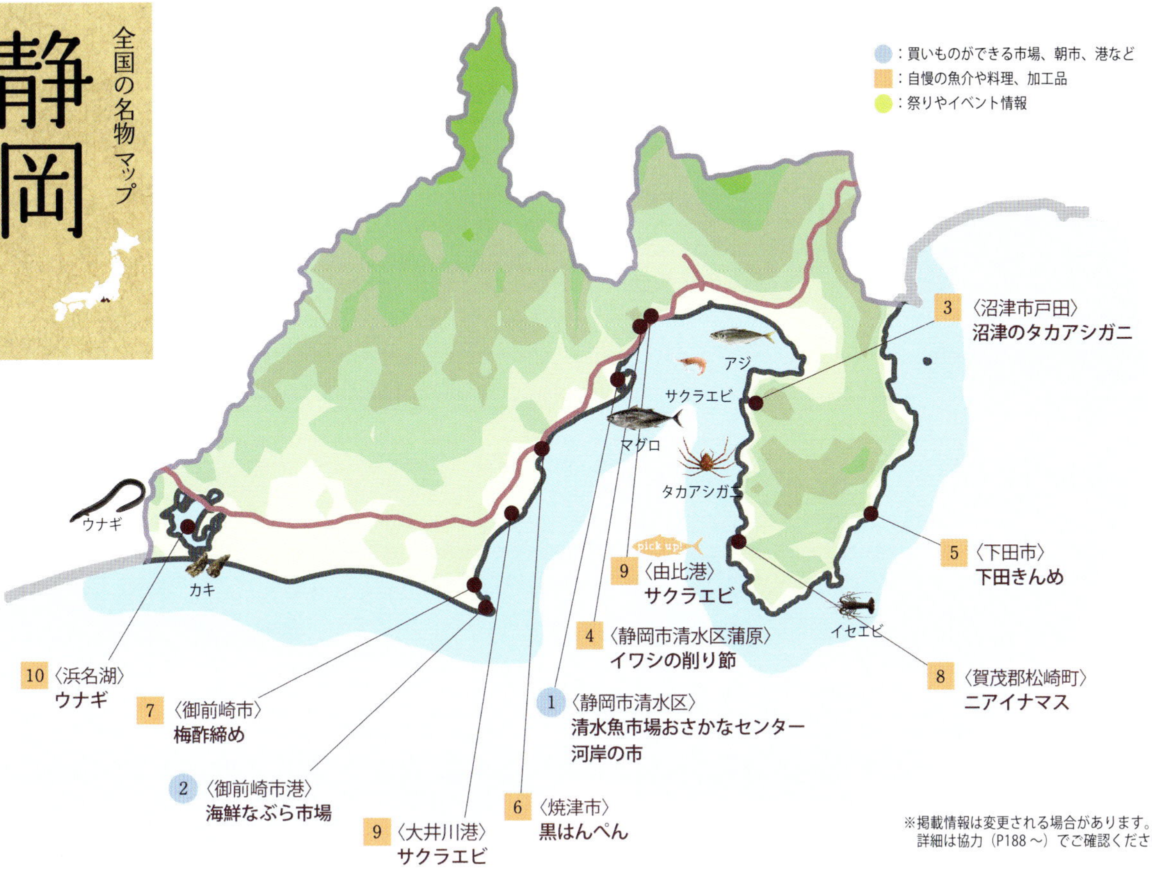

※掲載情報は変更される場合があります。
詳細は協力（P188～）でご確認ください

駿河湾に面した漁港では、
さまざまな魚介が水揚げされる。
また、浜名湖と大井川下流では
全国的に有名なウナギの養殖が行われている

静岡 - ⑤

静岡 - ⑤

1 清水魚市場 おさかなセンター 河岸の市

「新鮮でおいしい魚をもっと気軽に食べてほしい」との思いからつくられ、年間約100万人以上が来場する。プロの仲卸人が選んだ新鮮な魚介類、海産物を安価で購入できるほか、食事処では新鮮な魚料理を楽しめる。

2 海鮮なぶら市場

御前崎海岸に水揚げされる海の幸を中心に、海産物を扱う市場。お値打ち価格で新鮮な魚が買え、隣接された食事処では海鮮丼や定食、期間限定で幻の魚「クエ」を味わえる。

静岡 - ⑦

静岡 - ③

3 沼津のタカアシガニ

大正時代までは身が少なく、あまりおいしくないカニとして軽視されていたが、今では旅館などでも出されるまでになった。沼津港が近い戸田地域では、名物となっている。

4 イワシの削り節

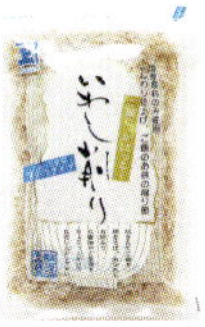

静岡 - ④

イワシの煮干しでつくる削り節は、静岡では一般的に使われている。だしをとるほか、白飯にたっぷりのせてごま油としょうゆをかけて食べる地元飯はシンプルながらとてもおいしい。

静岡 - ④

5 下田きんめ

キンメダイの水揚げ量日本一を誇る下田市内の食事処では、塩焼き、しゃぶしゃぶ、煮つけ、刺身、シュウマイなどバラエティ豊かな料理が楽しめる。また「金目コロッケ」や「きんめバーガー」などのB級グルメも人気。春から夏にかけての産卵期前は、脂がのってとくにおいしい。

静岡 - ①

静岡 - ①

金目コロッケ

6 黒はんぺん

駿河湾で獲れた新鮮なサバ、イワシを使い、職人によって伝統の製法でつくられる焼津の名産品。濃口しょうゆで味つけした牛スジ肉でだしをとり、静岡おでんにも欠かせないひと品となっている。

静岡 - ⑥

7 梅酢締め

静岡 - ⑦

梅の産地としても有名な御前崎では、梅酢でイワシやアジを締めることが多い。締めた魚はほんのりと梅の香りがし、さっぱりした味わいが楽しめる。

8 ニアイナマス

静岡 - ②

カツオを三枚におろし、軽く火であぶってぶつ切りにし、塩で味つけした郷土料理。カツオの初漁を祝う料理として、毎年5月の第3日曜日に行われる「岩地温泉大漁まつり」で、つわぶきの葉に盛られふるまわれる。

pick up!

新鮮なものの味は
ほかに代え難い

9 サクラエビ

春と秋、年2回獲れるサクラエビは、釜揚げにすると鮮やかなピンク色になり、とっても美味。かき揚げのほか、ちらし寿司、鍋、卵焼きなどいろいろな料理のアクセントとして使われる。

静岡 - ③

漁獲されるのは静岡の駿河湾のみ。富士川河口の干し場は、一面鮮やかな桜色に染まる。富士山との対比は見事。

静岡 - ④

ゆでサクラエビ

静岡 - ④

サクラエビがんも

10 ウナギ

暖かな気候と豊富な水が流れる浜名湖は昔からおいしいウナギが獲れ、天然もの、養殖ものともに有名。近郊の浜松や三島には、蒲焼き、白焼き、煮込みなど幅広い料理を楽しめる飲食店が多い。

静岡 - ③

愛知・三重

全国の名物マップ

三河湾、伊勢湾、熊野灘がある両県の港街では、さまざまな種類の魚、貝類、海藻が水揚げされる

※掲載情報は変更される場合があります。
詳細は協力（P188～）でご確認ください

1 柳橋中央市場

鮮魚を中心にさまざまな生鮮品の卸売店が約400軒も並ぶ、名古屋最大級の巨大市場。約100年の歴史をもつこの市場は、早朝から料理人や一般市民でごった返す。

2 アメ茶漬け

愛知 - ①

アマゴは設楽町地域では「アメノウオ」と呼ばれ、とくにアメノウオの甘露煮をご飯にのせ、お茶をかけていただく「アメ茶漬け」は、古くから地元の人々に親しまれている。

3 日間賀島《ひまかじま》の干しダコ

日間賀島では肉厚でおいしいタコが大量に水揚げされる。獲れたてを天日干しした干しダコは昔から保存食としてつくられ、現在では土産ものとして人気がある。

愛知 - ①

愛知 - ②

4 一色さかな広場

新鮮な魚介類を扱う販売店やレストランがそろう。朝市では、新鮮な魚介類を特価で購入できるのが魅力。

5 豊浜鯛まつり

愛知 - ④

伊勢湾に面し、水揚げ量県下一の豊浜で開かれる夏の風物詩。豊漁と海の安全を祈り、5匹の巨大な鯛のつくりものが海や町中に出現する。

時 7月下旬の土・日曜日

6 いなまんじゅう

愛知 - ①

ボラの幼魚「イナ」のえら、ハラワタ、骨を取りのぞき、豆みそ、ぎんなん、しいたけなどを詰め込んで焼きあげる、蟹江町を代表する郷土料理。縁起ものとして結婚式や祝いの席に出されることが多い。

7 モロコの押し寿司

川魚のモロコを佃煮にし、押し寿司の具にした海部津島地方に伝わる郷土料理。現在もなお、祭りや祝い事など人が集まるときにつくられる。

愛知 - ①

8 ぼら雑炊

愛知 - ①

海部南部の地域に伝わる郷土料理。雑炊といっても汁気はなく、米に、ほぐしたボラの身、ねぎ、油揚げを混ぜてつくる、炊き込みご飯のようなもの。

9 ひつまぶし

楽しみ方いろいろの郷土料理

pick up!

愛知 - ③

おひつに入ったご飯とウナギの蒲焼きを、はじめはうな丼として、次にわさびやねぎなど薬味でアクセントをつけて、最後はお茶漬けでさっぱりと食べる、一食で三度楽しめる愛知の郷土料理。

10 天むす

愛知 - ③

愛知にはエビを使った料理が多く、小さな天ぷらが入ったおにぎり「天むす」も、そのひとつ。フキの佃煮、きゃらぶきは天むすに欠かせないつけ合わせ。

11 マンボウ料理

紀北町では食用魚として親しまれており、家庭では煮ものや酒蒸しなどにして食べられている。部位によってさまざまな食感が楽しめる。

三重 - ①

pick up!

高級食材が手の届く値に

12 伊勢エビ

志摩半島を中心に漁獲され、11月に最盛期を迎える。県でも普及に取り組んでおり、地元では新鮮な活けづくりなどがリーズナブルな値段で楽しめる。

三重 - ①

13 あのりふぐ

三重 - ②

三重では、伊勢志摩を中心にフグ漁がさかんに行われている。とくに遠州灘から伊勢湾で水揚げされる、700g 以上の天然トラフグを「あのりふぐ」と呼ぶ。高品質で市場評価も高く、関西や下関に出荷されている。

三重 - ①

14 アワビ

伊勢志摩は岩場が多く海藻も豊富なためおいしいアワビが育つ。肉厚でうまみのある身は三重ブランドで、まさに絶品。

三重 - ②

15 てこね寿司

三重 - ①

もともとは漁師の即席料理で、鮮度のいいカツオを刺身にし、寿司飯としょうゆをいっしょに混ぜ合わせた志摩の郷土料理。

16 火《ひ》場《ば》焼《やき》

三重 - ①

三重に伝わる、生きた魚や伊勢エビ、貝などをそのまま網にのせて炭火であぶる海鮮バーベキュー。火力のある炭火で焼くことで、ホクホクの食感が味わえる。

三重 - ①

17 的矢《まとや》かき

三重ブランドにも認定されている的矢湾で養殖されるカキ。カキのなかでも最高級品との呼び声が高く、ほかの地方のものより高値で取り引きされる。

18 尾鷲イタダキ市

四季折々の新鮮な海の幸はもちろんのこと、地元特産の野菜なども取り扱う朝市。毎回さまざまなイベントが行われ、幅広い年代の人が楽しめる。

時 毎月第1土曜日
（12月は第1・3土曜日、1月は休み）

三重 - ②

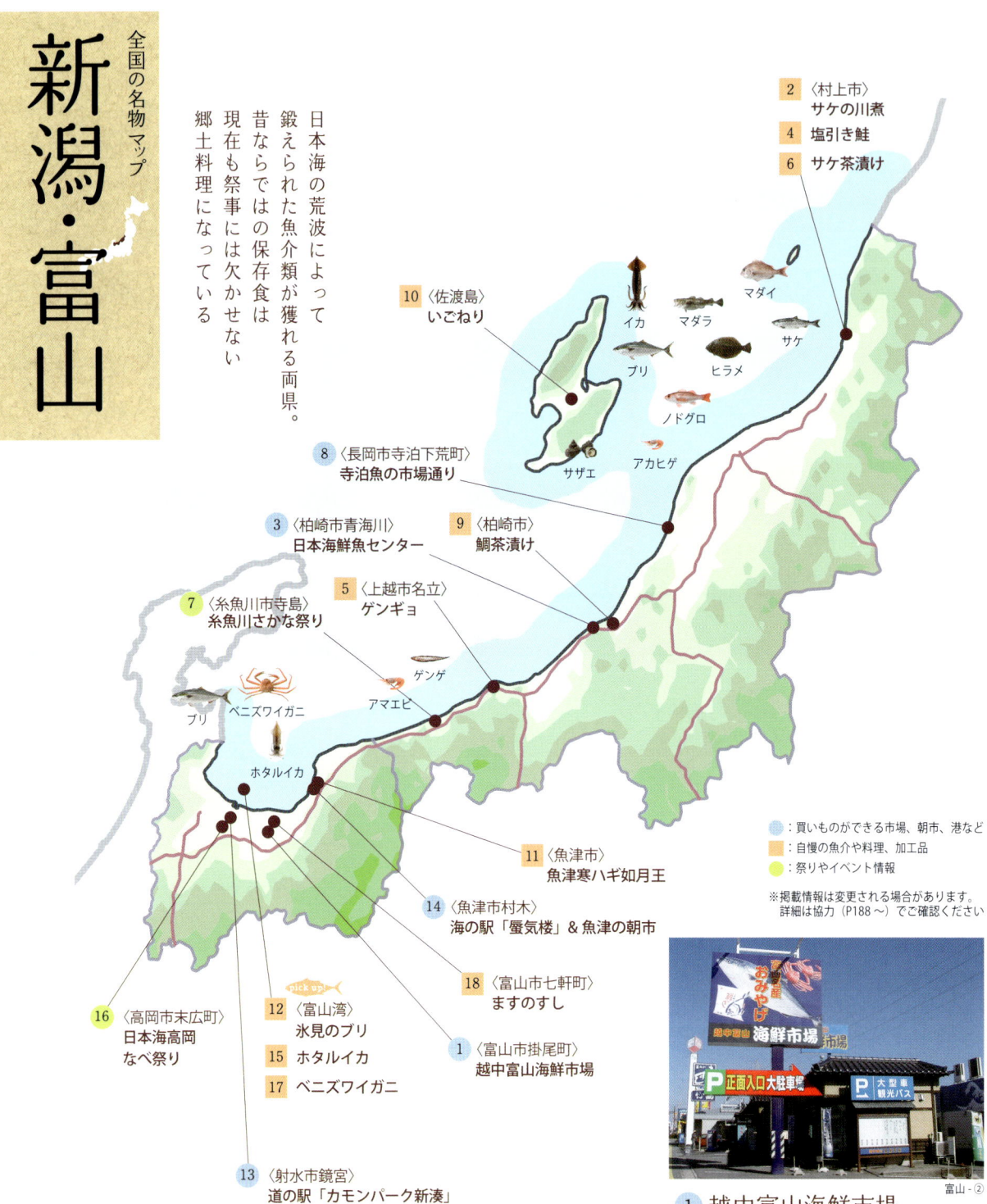

新潟・富山

全国の名物マップ

日本海の荒波によって鍛えられた魚介類が獲れる両県。昔ならではの保存食は現在も祭事には欠かせない郷土料理になっている。

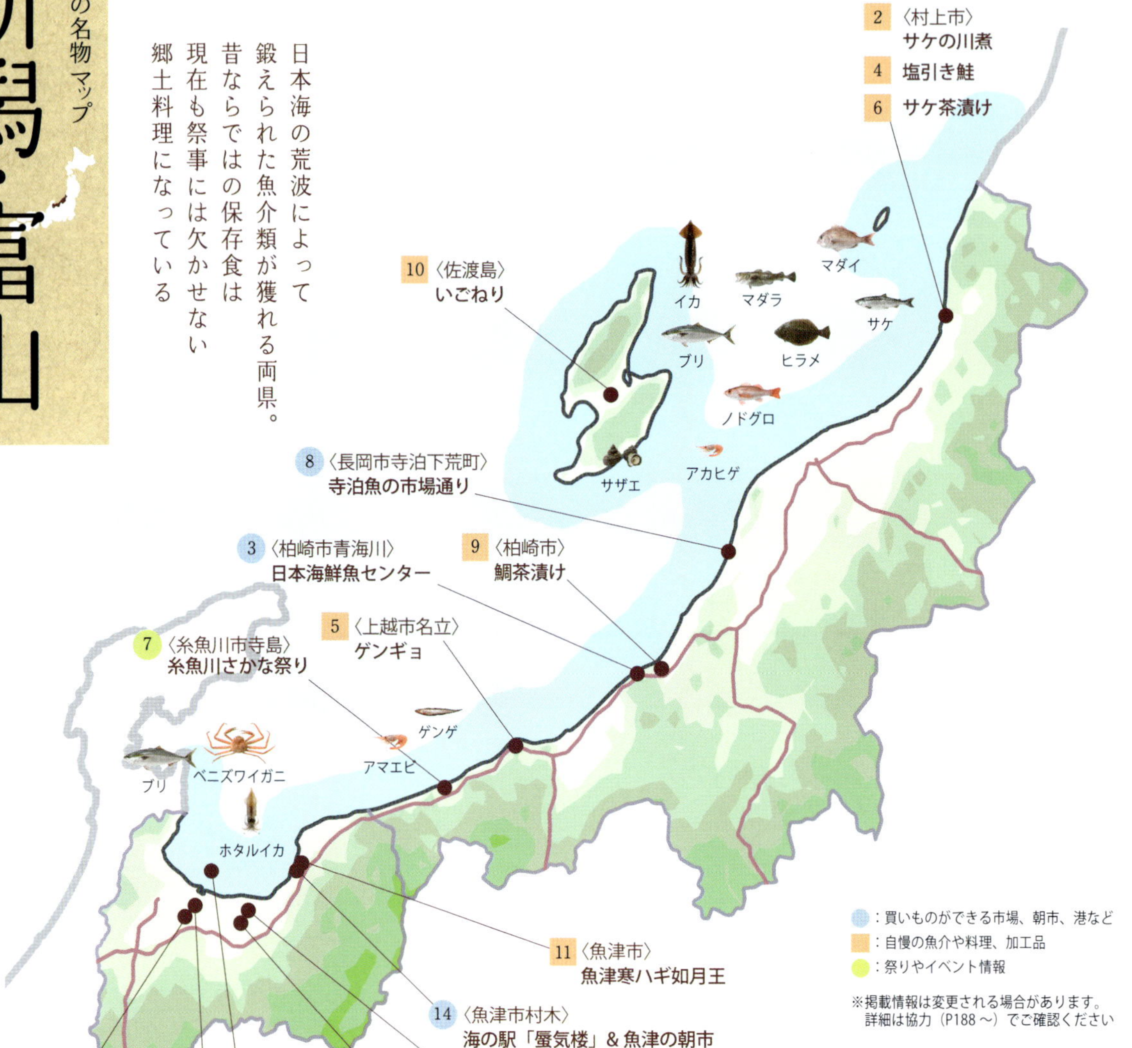

富山-②

1 越中富山海鮮市場

富山で水揚げされた活魚や特産品をとりそろえた国道 41 号線沿いの市場。富山の味覚を丸ごと味わえるとあって、観光客にも人気のスポットになっている。

2 サケの川煮

新潟 - ①

サケの特産地として古くから有名な村上には、多くのサケ料理がある。ぶつ切りにしたサケをみそで煮る川煮は、サケそのもののおいしさを活かした料理として知られている。

3 日本海鮮魚センター

毎朝水揚げされた日本海の新鮮な魚を、低価格で提供してくれる市場。場内にはさまざまな種類のカニが並ぶ「カニコーナー」や目の前で焼いた魚をすぐに食べられる「浜焼きコーナー」があるほか、買った食材を自らバーベキューにできるエリアもある。

新潟 - ⑤

浜焼き

新潟 - ①

4 塩引き鮭

サケに塩をすり込んで充分に浸透させ、ていねいに塩を出して軒につるし熟成させる昔ながらの保存食。しっとりとした食感と絶妙の塩加減は、上品で豊かな味わいがある。

5 ゲンギョ

新潟 - ①

体長 20 ～ 30㎝の深海魚で標準和名をノロゲンゲという。ゼラチン質のやわらかい身は、コラーゲンたっぷり。吸いものや天ぷらにされるほか、日本海の寒風で干物にするとうまみが濃縮され、さらにおいしくなる。

6 サケ茶漬

伝統的なサケ料理が数多くある新潟。ササッと食べられるお茶漬けの具としても、やわらかく深い味わいがあるサケはぴったり合い、人気がある。

新潟 - ②

7 糸《いと》魚《い》川《がわ》さかな祭り

時 10月

新潟 - ⑥

鮮魚や加工品の販売のほか、地元の特産物を破格で買える恒例の祭り。当日はマグロの解体実演、カニ汁、浜焼きの販売など、目や舌で楽しめる催しものがたくさん行われる。

8 寺泊魚の市場通り

新潟 - ④

通称「魚のアメ横」と呼ばれ、新鮮な日本海の魚が店頭に並ぶ。旬の魚介が手ごろな価格で買えると定評があり、名物にイカや魚の浜焼きがある。

9 鯛茶漬け

新潟 - ③

良質なマダイが獲れる柏崎の新名物。市内ではオリジナルの鯛茶漬けを出すお店も多く、2011 年の全国どんぶり選手権では第 3 位の好成績を残した。

10 いごねり

海藻のエゴグサを煮詰めて固め、そばのように切って薬味をのせしょうゆをかけて食べるもの。さっぱりした磯の風味を味わえる佐渡の郷土料理のひとつである。

新潟 - ⑦

11 魚津寒ハギ如月王《きさらぎおう》

魚津港で２月ごろを中心に水揚げされる25cm以上の大型ウマヅラハギをこう呼ぶ。活け締めにすると、身も肝も嫌な臭みが抜け、魚本来の甘みを感じられるように。

富山 - ①

pick up!

**絶品のブリは
しゃぶしゃぶにしても**

12 氷見のブリ

日本海の荒海にもまれて身が引き締まった氷見のブリは「富山湾の王者」として全国的にも有名。しゃぶしゃぶやかぶら寿司など、漁港周辺では最高のブリを味わえる飲食店が数多くある。

富山 - ④

13 道の駅「カモンパーク新湊」

新湊漁港の近くにあり、特産のシロエビを中心としたお土産がずらりと並ぶ。名物「白エビバーガー」は個数限定で、毎日完売するほどの人気がある。

富山 - ③

白エビバーガー

富山 - ③

14 海の駅「蜃気楼」& 魚津の朝市

魚津港に隣接された海の駅「蜃気楼」では「魚津の朝市」が開催される。水揚げされたばかりの鮮魚、塩干物などの水産加工品、地域の特産物を楽しめる。

時 毎月第２・４日曜日

富山 - ①

15 ホタルイカ

春の夜、産卵のために青白い光を放ちながら海面に上がってくるホタルイカは、古くから富山湾で水揚げされてきた。そのため県内では、刺身、沖漬け、しゃぶしゃぶ、酢みそ和えなど、おいしく味わえる料理が多数ある。

時 ３月～５月

富山 - ④

富山 - ⑤

沖漬け

16 日本海高岡なべ祭り

メインイベントは、直径２m以上の大鍋に日本海の新鮮な魚介類と野菜を大量に入れ、豪快に煮込んだ鍋。そのほか、なべ祭りならではのいろいろな鍋料理が楽しめ、冬の風物詩となっている。

時 １月中旬の土・日曜日

富山 - ⑥

富山 - ④

17 ベニズワイガニ

甘みのある肉厚の身は昔から富山県民に愛されており、県内には給食で１ぱいずつ出される学校もある。

18 ますのすし

富山 - ④

竹の曲げわっぱに笹を敷き、その上に寿司飯、マスの切り身を詰めて押し寿司にした、駅弁としても全国的に有名な寿司。現在でも県内に多数のマス寿司業者がおり、それぞれに伝統の奥深い味わいがある。

ご当地 駅弁・空弁②

茨城 - ④

茨城 絵かき歌弁当 三浜たこめし

ネーミングにもなっている三浜《さんぴん》とは、タコ漁がさかんな大洗、那珂湊、平磯の 3 つの浜の総称。ふっくらとした身とタコのうまみがしみ込んだご飯は、ボリューム満点でとってもおいしい。

茨城 - ④

茨城 ダイダラボウのはまぐりめし

水戸の民話「ダイダラボウ伝説」にちなんだ弁当で、パッケージにはハマグリが大好きな伝説の巨人が描かれている。大きめのハマグリとハマグリ風味の炊き込みご飯の相性は抜群。

東京 - ③

東京 深川めし

アサリを混ぜ込んだ炊き込みご飯「深川めし」にアナゴの蒲焼き、ハゼの甘露煮がのった、東京を代表する名物駅弁。

神奈川 - ④

神奈川 鯵の押寿し

脂ののったアジを伝統の合わせ酢で締めて押した寿司弁当。さっぱりとしたなかにアジのうまみが味わえる。

神奈川 しらす弁当

上質のごま油で香りづけしたシラス、青じそ、サクラエビが彩りよく盛りつけられた一品。まんなかには、めずらしいひょうたんの漬けものがのっている。

神奈川 - ④

静岡 桜えびのおにぎり

駿河湾特産のサクラエビでとっただしで、ふっくらと炊きあげたおにぎり弁当。サクラエビの奥深いうまみと香りが楽しめる。

静岡 - ⑧

静岡 - ⑧

静岡 港あじ鮨

沼津特産のアジを使用した握り寿司、わさび葉巻き、太巻きの 3 種類を、自分ですりおろす伊豆天城産の生わさびとしょうゆで食べる、静岡を味わえるひと品。

静岡 鯛めし

明治時代から続く老舗の鯛めしに、黒はんぺんの磯辺揚げなど地元ならではのおかずを合わせたお弁当。添えられた名産のわさび漬けがうれしい。

静岡 - ⑧

新潟 にしんかずのこさけいくら

名前のとおり、ニシン、カズノコ、サケ、いくらをふんだんに使ったいちばん人気の弁当。食感の異なる海の幸は、お酒との相性も抜群。

新潟 - ⑧

新潟 - ⑧

新潟 鮭そぼろ弁当

ご飯の上にはホクホクのサケそぼろがのっており、そのままでもお茶をかけて茶漬け風にしても食べられる、うれしい工夫がされている弁当。

※掲載情報は変更される場合があります。

全国の名物マップ

石川・福井

日本海に面した長い海岸線には多くの漁場があり、近海で獲れるズワイガニはたいへん有名で、多くの郷土料理がある

1 輪島朝市

日本三大朝市のひとつに数えられ、特産の海の幸、山の幸や民芸品などを扱う露店が200以上も並ぶ。旬の魚介や能登の特産品であるモズクやワカメなどの海藻類も手ごろな価格で買え、ぶらぶらと見るだけでも楽しい。

石川 - ③

※掲載情報は変更される場合があります。詳細は協力（P188～）でご確認ください

石川-①

2 このわた

日本三大珍味のひとつで、ナマコのハラワタを海水でよく洗い、水気をきって塩で漬け込んだもの。そのまま食べるほかに、イカやエビ、ウズラの卵と和えることも多い。

3 口子《くちこ》

産卵期のナマコの、糸のような卵巣を集めて三角形に干したもの。おもな産地は能登半島で、1枚をつくるのに数十キロのナマコを使うため高級珍味として扱われる。あぶると風味が広がり、かむほどに風味が増して酒の肴にぴったり。また、日本酒に入れても美味。

石川-①

4 まいもんまつり

穴水町のイベント加盟飲食店が行っている祭りで、四季折々の能登の旬の味覚を楽しむ期間限定イベント。「まいもん」とは「美味《うま》いもの」の能登弁で、春は「イサザ（シロウオ）」、夏は「サザエ」、秋は「牛」、冬は「カキ」をテーマに、加盟店で、料金とメニューが統一されたフルコースを味わえる。

5 能登丼

石川-③

奥能登エリアの飲食店で提供される、魚介、米、水から器、箸などの食器類まで、すべて地元産にこだわってつくられたご当地どんぶり。お店ごとにオリジナリティあふれるどんぶりがあり、いまや県外各地からこれを目当てに訪れるファンも多い。

石川-②

石川-③

いしり鍋

6 いしり

能登半島に伝わるしょうゆに似た調味料で、イワシやイカの内臓を塩漬けにして自然発酵させ、その汁を煮詰めてからこしてつくるもの。地元では煮ものや刺身のタレによく使われる。また、ホタテの貝殻に水で薄めたいしりを入れ、旬の魚介類、野菜を煮て食べる「いしり鍋」は、能登半島ならではの味わいを楽しめる。

7 こんか漬け

東北・北陸地方の魚の保存方法のひとつで、石川ではぬかを使う。イワシ、ニシン、フグなどの魚を下処理し、適当な大きさに切って塩漬けしたあと、ぬか漬けにする。風味づけにこうじを入れることもある。

石川-③

8 橋立漁港

古くは北前船の停泊港として繁栄し、現在はズワイガニの水揚げがさかんな漁港。獲れたての魚介を食べさせてくれるお店や民宿がある。

石川-③

9 近江町市場

江戸時代から続く歴史ある市場で、鮮魚や青果を中心に約150もの店舗が軒を連ねる。市場ならではの雰囲気があり、「金沢の台所」として今も多くの市民でにぎわっている。

10 かぶら寿司

石川-③

石川ではかぶを「かぶら」と呼び、塩漬けしたかぶに塩漬けブリの切り身を挟んで、こうじ漬けしたものをこう呼ぶ。酸味とうまみがあり、金沢の正月料理には欠かせない。

11 フグの卵巣のぬか漬け

文字どおり、フグの卵巣を塩とぬかに漬けて2年から3年熟成させたもの。ぬか漬けにすると卵巣に含まれる猛毒が無毒化されるのだが、その理由はいまだに不明。それゆえ「幻の珍味」と呼ばれ、いまでも製造方法を変えず、石川の一部地域でつくり続けられている。

石川-③

福井-①

12 若狭ガレイ

若狭湾で獲れるヤナギムシガレイは「若狭ガレイ」と呼ばれ、小型ながらも上品な味がある。一夜干しが主流で、干物にすると甘みが強くなり、江戸時代にはそのおいしさゆえ「雲上の珍味」とまで呼ばれていた。

13 へしこ

冬場の保存法のひとつ「へしこ」は、サバを筆頭にイワシやニシン、フグなどにも使用する。下処理した魚を塩漬けしてからぬか漬けにし、1年ほど発酵させる。ぬかを落として、焼いたり刺身にしたりして食べる。

福井-①

福井-①

14 越前ガニ

福井県内で獲れるズワイガニのオスを「越前ガニ」と呼ぶ。肉厚な身とうまみが魅力で、三国、越前、敦賀、小浜などの漁港付近には、獲れたてを味わえる宿や食事処が数多く集まっている。

福井-①

15 アユ料理

福井の豊かな川で育ったアユは身が引き締まり、塩焼きはもちろん、刺身、田楽、甘露煮、天ぷらなど昔からさまざまな形に調理されてきた。アユがよく獲れる九頭竜川、足羽川などの付近では、アユ料理をふるまう食事処や専門店がある。

16 手すき おぼろコンブ

敦賀のコンブ加工シェアは高く、なかでも「手すきおぼろコンブ」の生産量は日本一。酢につけてやわらかくしたコンブを、職人が薄く削ってつくる。口に含むと磯の香りと甘酸っぱさが広がり、おにぎりやお吸いものにぴったり。

福井 - ①

17 日本海さかな街

年間約 180 万人が訪れる日本海側最大級の海鮮マーケット。水産物を中心に約 70 店が軒を連ねる。レストランも併設され、新鮮な海の幸を使った料理が楽しめる。

福井 - ①

18 若狭フグ

日本最北で養殖されるトラフグで、海水温で育てられるため身が締まり、上品な甘みがある。いまやカニと並ぶ冬の味覚として有名に。

19 コダイの笹漬け&手まり寿司

福井 - ① コダイの笹漬け

福井 - ① 笹漬けの手まり寿司

三枚おろしにしたコダイを塩と酢で調味し、杉樽に詰めて漬けた若狭の名産品。杉の香りがほんのりと感じられるタイは、刺身とはまたひと味違って美味。地元では酢飯と合わせて手まり寿司をつくり、人をもてなす習慣がある。

20 鯛まま

ご飯にタイの刺身をのせ、タイのアラでつくったみそ汁や番茶をかけて食べる漁師飯。テレビコマーシャルで紹介され、さらに有名になった三国の郷土料理。

pick up! おいしい魚を京の都へ

21 サバ街道

若狭湾から京都へ海産物や物資を運ぶための街道で、とくにサバを運ぶことが多かったことからこの名がついた。傷みやすいサバを京都まで運ぶために今では郷土料理にもなっている焼きサバ、サバの棒寿司、へしこなどの保存法がこの街道付近で考案された。

福井 - ①

22 焼きサバ寿司

サバを丸ごと 1 尾開き、竹串を刺して焼く「浜焼きサバ」は、傷みが早いサバを保存する方法として考え出されたもの。また焼きサバからできた焼きサバ寿司は、今では福井名物として有名になった。

福井 - ①

23 サバの棒寿司

昔から伝わる保存方法で、下処理したサバを酢で締め、酢飯の上にのせてすだれで巻いてつくる。肉厚で脂ののったサバとシャリの相性は抜群。

全国の名物マップ

京都・兵庫

京都は日本海に面し、兵庫は日本海と瀬戸内海に面する。両県のみやびやかな伝統食文化は現代でもなお楽しめる

京都 - ③

1 宮津まごころ市

宮津市で獲れた鮮魚や干物、さらには地元産の新鮮な野菜や加工品が数多く並び、この日を楽しみにしていた大勢の人たちでにぎわう。

京都 - ②

京都 - ②

2 京都錦市場

魚、肉、京野菜などを取り扱う店が約 400 m も並び、「京の台所」と呼ばれている。市場では、おばんざいと呼ばれる惣菜も買え、京都独特の食文化に触れられる。

京都 - ③

3 舞鶴かき丼

「舞鶴産のカキ 5 個以上と舞鶴かまぼこを使用する」ことをクリアした、舞鶴でしか味わえない地産地消どんぶり。プリプリのカキと、弾力のあるかまぼこの相性は抜群。

pick up!

4 チリメン山椒

保存の知恵で深みのある味わいに

チリメンジャコと山椒の実を使った佃煮。ピリッとした辛みと香りが利いた山椒がアクセントになって、ご飯にのせても、チャーハンやパスタなどに使ってもおいしい万能おかず。

京都 - ①

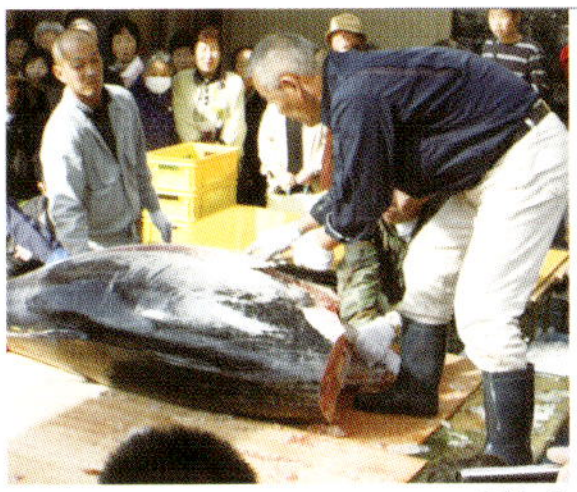

京都 - ③

5 伊根のうみゃーもん祭

伊根町の水産物、農産物のうまいもの（うみゃーもん）を模擬店で味わえる祭り。新鮮なマグロの解体即売なども行われる。

時 10 月～ 11 月

6 サワラ（サゴシ）

京都は出世魚であるサワラの漁獲量が全国 2 位。刺身、しゃぶしゃぶ、西京漬けなどにして食べられている。

京都 - ③

7 このしろ寿司

久美浜湾で獲れた脂ののったコノシロを背割りして酢づけにし、味つけしたおからを腹に詰めた姿寿司。冬季限定の手づくりなので、京都でも希少性は高い。

京都 - ③

京都 - ③

8 コッペガニ

ズワイガニのメスのことで、セイコガニとも呼ばれている。卵の、外子と内子は絶品で、とくにオレンジ色の内子は濃厚な味を楽しめる。

京都 - ③

9 月例祭

豊かな自然に恵まれた丹後半島を背景にした体験型農業公園、「丹後あじわいの郷」で開催される。丹後のご当地グルメや地産地消など、丹後の「食」を楽しめる。

時 毎月第 3 日曜日

10 明石焼き

兵庫 - ②

卵をたっぷり入れた生地にタコを入れて焼き、だし汁で食べる料理で、地元では「玉子焼」と呼ばれている。たこ焼きのもとになったといわれ、明石市内の70軒以上のお店で味わえる。

pick up!

海峡にもまれてプリプリの身になる
11 タコ

明石近海のタコは、カニやエビなどのエサに恵まれ、早い海流にもまれて育つので、ほどよく身が締まり味がいい。とくに6月から9月の麦の穂が出るころのものは、やわらかくておいしい。兵庫県はマダコの漁獲量日本一を誇る。

12 明石・タコ検定

明石市のまちづくりを推進するために2006年につくられた検定で、明石ダコを中心に、明石の魚に関する、生態、産業、食文化、歴史など多分野にわたる問題が出される。

兵庫 - ④

兵庫 - ④

13 魚の棚

「うおんたな」と呼ばれる、約400年の歴史があるアーケード商店街。明石のタイやタコなどを取り扱う鮮魚店が多く、観光名所として県外からの客も多い。

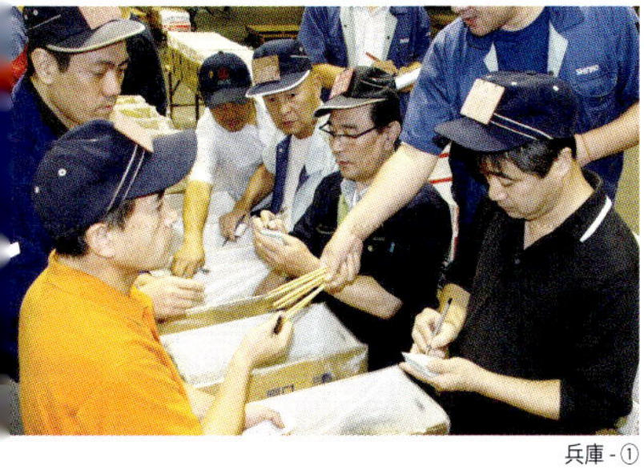

兵庫 - ①

14 神戸市中央卸市場

神戸市民の食生活に欠かせない生鮮食品を取り扱う流通拠点。一般向けに一部開放された商店や食事処があるほか、見学会なども行われている。

15 イカナゴのくぎ煮

イカナゴは春先に瀬戸内へ回遊してくるスズキイカナゴ科の小魚で、これを甘辛くじっくり煮たくぎ煮は、兵庫の春に味わう郷土料理となっている。

兵庫 - ③

16 こけらずし

干したベラ、トラハゼをみじん切りして味つけし、寿司飯にのせて型抜きした寿司のこと。名の由来は昔、みじん切りすることを「こる」といい、それがなまって「こけら」となったとの説がある。

兵庫 - ⑤

17 いぎす

兵庫 - ⑤

海藻の一種で、ぬかを入れて固め、精進料理のこんにゃくの代わりやお盆、お彼岸などに仏へのお供えものとして食べられてきた郷土料理。淡路でこんにゃくいもが採れないことからつくられたといわれている。

大阪・和歌山

瀬戸内海の船便により
食文化が発展した大阪に
隣接した和歌山は
黒潮がすぐ近くを流れ、
多くの魚が水揚げされる

和歌山 - ①

1 七曲市場

古きよき時代の地域密着型の商店街で、「よい品をどこよりも安く」をモットーにフレンドリーに話しかけてくれる店員が多く、歩くだけでも楽しい市場。一部店頭では炭火焼きが行われ、その場で食べられる。

pick up!

だし文化の源流。
すべてにうまみをプラス

2 昆布文化

江戸時代、物流の発達によって北海道から多くのコンブが運ばれるようになってから大阪に根づいた。以来、高級料亭からうどん屋まで、大阪のおいしいだしの要となっている。

3 塩コンブ

佃煮風に加工したコンブで、ご飯にのせたり、お茶漬けにしたりして食べられている。

大阪 - ①

南高梅コンブ

特上塩コンブのお茶漬け

4 ウシノシタ

岸和田ではウシノシタをシタビラメと呼び、煮つけや刺身などで賞味される。市内の食堂でも「シタビラメ」としてメニューにあり、庶民の魚として定着している。

5 じゃこごうご

大阪湾の新鮮なエビと水なすの古漬けを炊き合わせた岸和田の郷土料理。

大阪 - ③

6 ごより豆

泉州の伝統料理で、「ごより」と呼ばれる天日干しした雑魚と大豆をアメ炊きにしたもの。

大阪 - ③

7 黒門市場

鮮魚店をはじめ、八百屋、飲食店など約 150 の店が並ぶ大商店街。「大阪の台所」と呼ばれ、料理人や地元の人に愛されている。

大阪 - ②

8 てっちり

フグの消費量日本一を誇る大阪では、フグを「鉄砲」、魚介類の鍋料理を「ちり」ということから、フグ鍋を「てっちり」と呼ぶ。浪花の鍋料理の王様にして冬を代表する味。

大阪 - ④

9 たこのやわらか煮

大阪人にとって、タコはなじみの深い食材。ご飯にぴったりのやわらか煮は、関西の家庭の味が楽しめるとあって、土産ものとして人気がある。

大阪 - ①

10 大阪寿司

大阪 - ④

江戸前の握り寿司に対し、大阪寿司はそれ以外の、押し寿司（箱寿司）、ばら寿司、巻き寿司などをさす。

11 柿の葉寿し

和歌山 - ①

生魚を保存するために考えられたもののひとつ。ひと口大に握った寿司飯に薄くそいだ塩サバをのせ、殺菌効果があるとされる柿の葉で包んでつくる。

竜田揚げ　和歌山 - ①

脈々と続く食文化 pick up!
12 クジラ

貴重になってきた近年でも、太地町近辺では政府の調査捕鯨などで捕獲したクジラ肉が一定量手に入るため、町内のお店や施設で味わえる。

13 クエ

脂がのってコラーゲンもたっぷりのクエは希少で、「幻の魚」とされている。日高地域では、豊漁を祈って神社に奉納する「くえ祭り」や、クエ鍋やクエ飯を味わえる「クエ・フェア」などが開催される。

クエ鍋　和歌山 - ①

和歌山 - ①　くえ祭り

14 なれ寿し

和歌山 - ①

サバ、アジ、サンマなどの魚とご飯をアセ(暖竹)、バショウ、笹の葉などで包み、酢を使わずに自然発酵させてつくる。独特の風味とうまみがあり、寿司の元祖といわれている。

15 なんば焼き

紀州熊野沖で獲れるエソやグチを生のままおろしてすり身にし、型に詰めて焼きあげた紀州田辺名物のかまぼこ。田辺市にはなんば焼きの店が軒を連ねる「かまぼこ通り」がある。

和歌山 - ④

16 うつぼ揚煮

和歌山 - ②

紀南地方では昔から食べられている珍味。ウツボにはカルシウムがたっぷり含まれており、酒の肴のほか、おやつ感覚で食べられるため土産ものとしても人気が高い。

17 イガミ

標準和名をブダイといい、旬は秋から冬。紀南地方では、甘辛く煮る「イガミの煮つけ」は正月や祭りに欠かせない料理とされ、煮汁は煮こごりとしておいしく食べられる。

和歌山 - ①

18 まぐろ祭り

真冬に開催されるビッグイベント。勝浦ならではのマグロの即売やマグロ料理(カブト焼き、汁ものなど)の試食会が行われ、県外からも多くの人が訪れる。

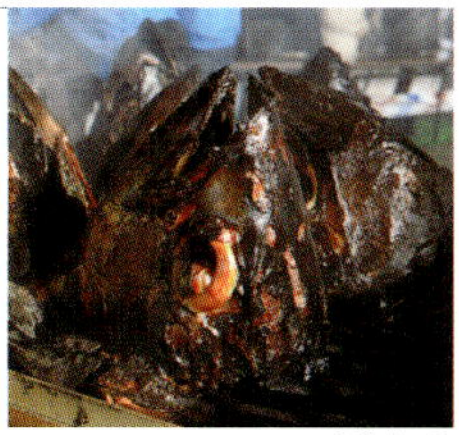

和歌山 - ①

時 1月末の土曜日

19 サンマ寿司

和歌山 - ①

1500年以上もの歴史がある寿司で、熊野灘産のサンマを10日から30日程度塩漬けにし、さらにユズやダイダイ酢に漬けて酢飯にのせたもの。保存食から発展した料理で、今では祭りや正月料理に欠かせない。

鳥取・島根・山口

全国の名物マップ

全国有数の水揚げ量を誇る鳥取、
魚介類の豊富さで知られる宍道湖が
ある島根、フグ漁で有名な山口は
独特の地形を活かした水産業が行われている

1 境港水産物直売センター＆境港水産まつり

鳥取 - ②

鳥取 - ③

境港水産まつり

時 10月

境港で水揚げされた新鮮な海の幸がとにかく安く買え、毎日活気あふれる掛け声が響く人気スポット。「境港水産まつり」は、無料試食コーナーやマグロの解体ショーなどが催され、毎年４万人が来場する。

※掲載情報は変更される場合があります。詳細は協力（P188～）でご確認ください

pick up!

そのおいしさは食べ方を問わない

2 松葉ガニ

鳥取 - ①

漁期の 11 月〜翌 3 月までの間、鳥取沖や境港沖はカニ漁でにぎわう。上品な甘みと肉厚の身は、ゆでても焼いてもしゃぶしゃぶにしてもうまい。鳥取の冬の味覚として全国に名をとどろかせている。

3 かにすき

日本海の海の幸、カニをたっぷり使っただし汁でつくる鍋。プリプリのカニの食感と野菜の甘みでつくられた奥深いスープは、寒い鳥取の冬にぴったり。

鳥取 - ①

4 いがい飯

イガイとは西洋料理でおなじみのムール貝の仲間。夏泊地域では、むき身を甘辛く煮つけて米と炊いた「いがい飯」は、夏の訪れを告げる山陰地方ならではの味。

鳥取 - ①

鳥取 - ①

5 シロサバフグ

無毒でふところにやさしい「庶民のフグ」として、山陰地方で親しまれている。現地では「キンフグ」と呼ばれ、ふっくらとした弾力のある身は、鍋や揚げものに向く。

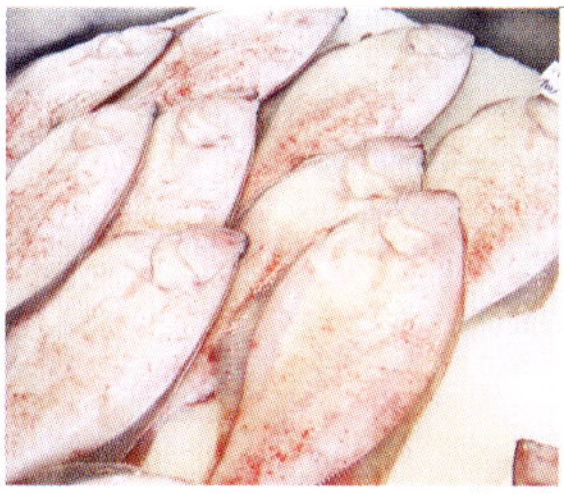

鳥取 - ①

6 アカガレイ

松葉ガニと並ぶ鳥取の冬の味覚で、県内のほとんどの家庭で煮つけや唐揚げにされる、まさに鳥取のおふくろの味。地元では「マガレイ」とも呼ばれている。

鳥取 - ①

7 白イカ

山陰地方独特の呼び名。一般には「ケンサキイカ」と呼ばれ、夏の山陰を代表する味覚とされている。弾力のある身は甘みが強く、濃厚な味わいが魅力。

8 モサエビ

鮮度劣化が早いため地元でしか味わえない幻のエビ。プリッとした食感と甘さが自慢で、刺身や炭火焼き、お吸いもの、バター焼きなど、何にしてもおいしい。

鳥取 - ①

鳥取 - ①

9 ばばちゃん

標準和名タナカゲンゲという深海魚で、淡白な白身は刺身、照り焼き、揚げものなどさまざまな料理に合う。なかでも鍋ものは絶品で、地元の多くの飲食店や旅館で楽しめる。

10 まつえ暖談食フェスタ

松江市内各地で行われるイベント。直径 1.8 mの大鍋でつくられる、ズワイガニ、ブリ、タイ、野菜など 7 種類の具が入った「縁結び七福神鍋」がふるまわれる。 時 2月

島根 - ①

11 蒸し寿司

エビ、ウナギ、卵焼きなどの具が酢飯にたっぷり敷き詰められ、蒸された松江の名物寿司。

島根 - ①

12 浜田市の魚

「浜田市の魚」として認定されているノドグロ（標準和名：アカムツ）は、高級魚としても有名。これに、アジ、三種のカレイ（ミズカレイ・エテカレイ・ササカレイ）を合わせて『どんちっち三魚』としてブランド化されている。

島根 - ③

ノドグロの刺身

どんちっち三魚

13 しまね お魚センター

日本海で水揚げされた旬の魚や自慢のおいしい特産品がとりそろえられた市場。浜田港を一望できるレストランでは新鮮な魚介類を楽しめる。

島根 - ②

pick up!

海水と淡水の恵みを楽しめる

14 ヤマトシジミ

淡水と海水が混ざった汽水の宍道湖で育つヤマトシジミはミネラル分が豊富で栄養満点。身がプリッとしていて、みそ汁や佃煮にぴったり。

宍道湖のシジミ漁

島根 - ①

15 宍《しん》道《じ》湖《こ》七珍

島根 - ①

宍道湖の豊かな水で育つ「ヤマトシジミ」「ワカサギ」「シラウオ」「コイ」「ウナギ」「スズキ」「ヨシエビ」は「宍道湖七珍」と呼ばれ、江戸時代から周辺地域の人々に親しまれている。

山口-①

16 ウニ

フグと並ぶ下関の名産で、ウニを入れて炊きあげた「ウニ飯」や「生ウニのすき焼き」などは郷土料理としても有名。また赤間神宮では、ウニに感謝し来年の豊漁を祈願する「うに供養祭」なども行われる。

山口-①

17 唐戸《からと》市場

フグ、タイ、ハマチの市場として有名で、料理人はもちろん、外国人観光客の人気スポットにもなっている。週末には、魚食普及のために魚料理のイベントを開催している。

18 下関さかな祭

約6万人の観光客が訪れる全国最大級の水産祭り。活魚や水産加工物などの即売会、料理教室などが行われる。さらに1万食のふぐ鍋が一度にできる「スーパージャンボふく鍋」は、毎年恒例の目玉イベントに。

時 11月23日

山口-①

山口-③

山口-④

瀬つきアジ握り寿司無料試食

19 道の駅「萩しーまーと」

萩漁港に隣接し、新鮮な魚介や水産加工品を取り扱う道の駅。季節ごとのイベントも充実しており、萩の海の幸を無料で味わえる「萩・春の魚祭り」「萩・魚まつり」や、萩の名産、瀬つきアジが主役の「萩・瀬つきあじ祭り」、マフグが主役の「萩の真ふぐ祭り」、シロウオが主役の「萩・しろうお祭り」などが行われている。

山口-①

20 長門市場

下関を代表する市場で、下関漁港で水揚げされた鮮魚を中心に、全国の一部でしか食べられないクジラ、ウニ、フカの湯引きなどディープな食材も扱う。

21 南風泊《はえどまり》市場

全国のフグの水揚げ量の約8割を占める市場。2月11日に行われる一般向けイベント「下関ふくの日まつり」では、フグとその加工品の販売や、1000食分のフグ鍋などがふるまわれ、大勢の人でにぎわう。

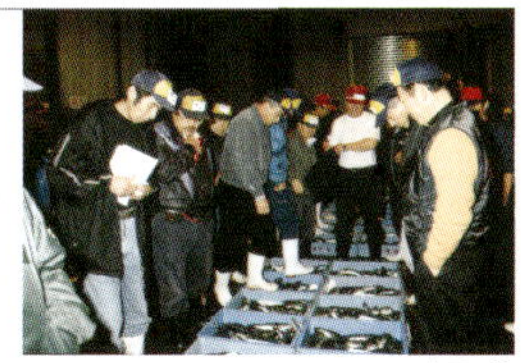
山口-①

山口-⑤

山口海物語
山口県推奨品

山口-⑤

23 山口海物語

山口県水産加工業連合会が認定した山口を代表する優れた水産加工品。練り製品では萩の名品「焼き抜きかまぼこ」や、ウニ製品では「うにびん詰め」などがあり、認定された商品には独自のロゴマークをつけて販売している。

pick up! 一度は味わいたいトップブランド

22 フク料理

山口-①
フクちり

フク刺し
山口-②

フグ漁がさかんな下関ではフグを「フク」と呼び、芸術的な盛り方が有名なフク刺し、身をカラッと揚げた唐揚げ、うまみを堪能できるフクちりなど、本場ならではの美食を楽しめる飲食店が数多くある。

岡山・広島

全国の名物マップ

瀬戸内海に面した両県一帯は、カキの養殖が有名で、地元ではさまざまなカキ料理を味わえる

※掲載情報は変更される場合があります。
詳細は協力（P188～）でご確認ください

1 朝市

瀬戸内の豊かな海の恩恵を受ける岡山では、岡山市の「備前岡山京橋朝市」、倉敷市の「下津井とれとれ鮮魚市」など各地で朝市が催され、オリジナルのおいしい「朝市グルメ」が楽しめる。

岡山 - ②

下津井とれとれ鮮魚市

岡山 - ①

備前岡山京橋朝市

ひらめ（アマゴ）定食　岡山 - ①

アマゴ

2 ヒラメ

岡山県北部では川魚のアマゴをヒラメと呼び、昔から塩焼きや南蛮漬けなどにして食べられてきた。最近では「ひらめバーガー」などのご当地食を出す店もあり、観光客に喜ばれている。

岡山 - ①

ひらめバーガー

3 カキオコ

岡山 - ①

備前市日生町で食べられる冬季限定のカキ入りお好み焼きのこと。生産量全国3位を誇る岡山のプリプリのカキをふんだんに使ったお好み焼きは、ジューシーで絶品。

4 ままかり

ままかり寿司　岡山 - ①

ままかりの酢漬け　岡山 - ①

標準和名ではサッパと呼ばれる小魚で、隣の家からご飯（まま）を借りてくるほどうまいことから、この名がついたとか。岡山では寿司や酢漬けなど、この魚を使ったさまざまなメニューがある。

5 五味の市

水揚げされた新鮮な魚介類が、漁師のおかみさんたちの手で威勢よく売られる市場。また、ここでしか食べられないカキフライがトッピングされた「カキフライソフト」は、観光客に人気が高い。

岡山 - ①

6 岡山ばら寿司

具材の一つひとつにしっかりと味つけをしてご飯に混ぜ、さらに煮つけた魚介類やさまざまな具をのせる豪華な寿司のこと。岡山のお祝い、祭りの際に欠かせないごちそうである。

岡山 - ①

7 えびめし

岡山 - ①

ご飯にエビなどの具を入れて、カラメルソースとケチャップを合わせた特製ソースを使った焼き飯で、いまや岡山の地元民が愛するご当地グルメのひとつ。

8 かきまつり（岡山）

岡山 - ③

兵庫県、岡山県の各地で、真冬に行われる。新鮮なカキの試食や即売会のほかに、その地域ごとの催しものが楽しめる。

時 1月～2月

pick up!

極寒の季節に味わう美味

9 カキの土手鍋

鍋のまわりにみそを塗り、カキ、野菜、豆腐を煮ながら食べる広島の郷土料理。みその香ばしい風味がプラスされたプリプリのカキは絶品。

広島 - ①

広島 - ①

10 水軍鍋

水軍が出陣の前に鍋を囲んで酒盛りをしたのが始まりとされる水軍鍋には、「八方の敵を喰う」という縁起をかついで、タコが必ず入れられる。

広島 - ②

11 海辺の新鮮市場

１階は新鮮な水産物を直売し、２階は特産物情報、観光情報を展示している。セルフサービスの昼定食では新鮮な刺身が格安で食べられるとあって、これを目当てに訪れる人が多い。

12 漁業フェスティバル

漁業のＰＲを目的としたこのイベントでは、地元産の新鮮な海の幸、伝統の郷土料理の販売や蒸し焼きカキの試食、さらには刺し網から魚をはずす漁業体験も楽しめる。

広島 - ③

時 11月中旬～下旬

13 かきまつり（広島）

広島の冬の味覚といえばやっぱり「カキ」。１月から２月にかけて旬を迎え、県内では地元漁協が中心となってカキの試食、格安販売を行い各地域の特色を活かした「カキまつり」が開催される。

時 1月～2月

広島 - ①

広島 - ①

14 ワニ料理

三次地方ではサメを「ワニ」と呼び、刺身、揚げもの、うま煮などの料理が地元の料理店で味わえる。スーパーで普通に扱われ、家庭でも調理されている。

15 浜子鍋

瀬戸田の獲れたて魚介類と野菜をたっぷり入れて地みそで味つけした、昔から浜子たちに親しまれている郷土料理。

広島 - ①

16 スモークドオイスターオイル漬

地元の新鮮なカキのむき身を香ばしくいぶし、オイル漬けにした缶詰。お取り寄せグルメとして全国的に人気が高い。

広島 - ⑥

ご当地駅弁・空弁③

石川 - ④

石川 高野の笹寿し

笹の葉でサケ、タイ、エビと酢飯を包んだ、加賀伝統の料理である押し寿司が楽しめる弁当。笹の葉の香りをほんのりまとった寿司は、香りとともに食欲をそそる。

福井 香ばしい焼かにめし

カニのだしで炊いたご飯に焼いたツメ、足、ほぐした身をのせた一品。香ばしいカニの風味を、あますところなく堪能できる。

福井 - ②

兵庫 - ⑥

兵庫 ひっぱりだこ飯

1998年の明石海峡大橋の完成を記念して発売された、ロングセラーの名物駅弁。タコつぼ風の容器の中には、タコのうま煮、アナゴのしぐれ煮などのおかずが炊き込みご飯の上にのり、ご飯の中にはタコのすり身天ぷらが忍ばせてある、楽しい工夫が詰まったひと品。

和歌山 小鯛雀寿し

コダイを酢で締めて寿司にしたもので、見た目がスズメに似ているため、この名がついた人気の駅弁。

和歌山 - ③

島根 - ④

島根 かにめし

カニ漁港として有名な境港産の「ベニズワイガニ」を松江名物「赤貝ご飯」にぎっしりのせた弁当。カニと赤貝の相性がよく、副菜では「津田かぶ」「西浜芋」などの島根の郷土料理も楽しめる。10月から翌3月までの期間限定商品。

山口 長州さくら弁当

山口名物フグの天ぷら、クジラの竜田揚げに鹿児島名物の黒豚焼き、色とりどりの煮ものも入り、さらに箸休めには山口の郷土料理「寒漬」が入った、見た目も味も楽しめる一品。

山口 - ⑥

岡山 - ④

岡山 かくしずし

江戸時代の倹約令から生まれた工夫寿司。上に飾る具を底に敷いてご飯を盛り、具をかくすところからこの名がついた。食べるときはひっくり返そう。

岡山 瀬戸の魚島　鰆寿司

春の瀬戸内海に押し寄せるサワラを使った寿司弁当。「魚島」とは、サワラの群れの影がまるで島のように見える様子をいう。

岡山 - ④

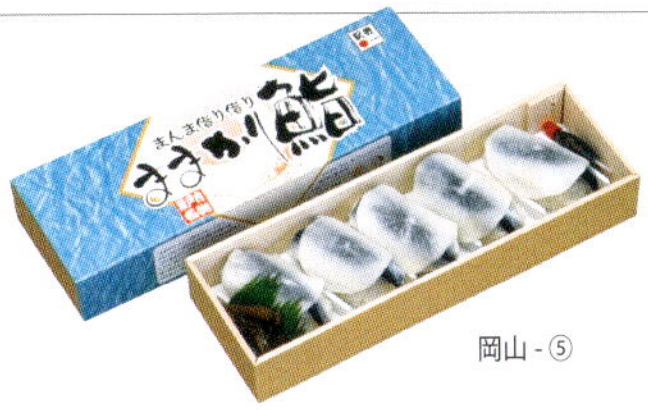
岡山 - ⑤

岡山 まんま借り借り ままかり鮨

岡山名物の「ままかり」を酢で締め、酢飯と合わせて握り寿司にし、大根の甘酢づけをのせた寿司弁当。大根のシャキシャキとした食感はクセになるおいしさ。

広島 しゃもじかきめし

広島産のカキをふんだんに使い、宮島のしゃもじをかたどった容器に詰められたカキづくし弁当。

広島 - ④

広島 - ⑤

広島 福山ばら寿司

福山の市花であるバラをモチーフに、コダイの酢漬け、アナゴ、いくら、菜の花が寿司飯に盛りつけられた、見た目にも鮮やかな一品。

※掲載情報は変更される場合があります。

香川・愛媛

全国の名物マップ

干満の差が大きい瀬戸内海は全国でも屈指の漁場で豊富な海の幸が揚がる。また両県には、独特の食文化が残る大小の島が数多くある

※掲載情報は変更される場合があります。
詳細は協力（P188～）でご確認ください

1 香川の産直魚市場

豊かな瀬戸内海に面した香川は新鮮な海の幸が多く獲れ、しかも養殖漁業もさかん。庵治《あじ》の「活き活き日曜市」や高松の「いただきさんの海鮮市」など、県内の漁港では各種の朝市、産直市場が開かれている。

2 いただきさんの海鮮食堂

高松では自転車で魚を売り歩くおばちゃんたちを「いただきさん」という。そのネーミングがついたこの食堂は、新鮮なおいしい魚が食べられるとあって地元の人にも人気。

香川-②

pick up!

養殖発祥の地で脂ののったブランド魚を

3 ハマチ

日本で初めてハマチの養殖に成功した香川では、「ひけた鰤《ぶり》」「なおしまハマチ」「オリーブハマチ」をハマチ三兄弟と称し、ブランド化している。たっぷり脂ののったこれらは、刺身や塩焼き、近年ではしゃぶしゃぶなどで楽しまれている。

しゃぶしゃぶ 香川-①

オリーブハマチ 香川-①

オリーブの葉の粉末をエサに混ぜて育てられる

4 フナのてっぱい

香川-①

香川は、全国でも有数のフナ養殖地。フナを酢みそで和えた「てっぱい」は、昔から香川に伝わる郷土料理。

5 ドジョウ汁

香川-①

かつて県内にはドジョウが広く分布していた。これを活かしてつくるドジョウ汁には野菜がたっぷり入り、夏バテ防止の料理として親しまれてきた。後世に伝えたい郷土料理として、今も地元の人に愛されている。

6 押し抜きずし

酢飯の上に酢で締めたサワラなどをのせ、特殊な木箱に入れてしっかり押し固めてから抜きとった寿司。古くから祭りや祝い事のときにつくられてきたごちそう。

香川-②

7 煮干し（イリコ）

香川-①

香川でイワシといえば、煮干し（イリコ）になるカタクチイワシが有名で、伊吹島のイリコは全国的にもとくに人気が高い。香川名物のさぬきうどんのだしにもなっている、香川のブランド水産物。

8 イカナゴの棒炒り

香川-①

イカナゴは細長い体形が特徴的な小魚で、旬は春。棒炒りは古くからつくられている佃煮でイカナゴをしょうが、しょうゆ、みりん、砂糖とともに煮詰めたもの。地元でも人気の郷土料理である。

香川-③

9 どじょ輪ピック in さぬき

さぬき市造田地区で古くから食べられてきた郷土料理、ドジョウ汁の味を競うイベント。チームごとに独自の調理法でつくられる郷土料理は、家族連れにも大人気。

10

法《ほう》楽《らく》焼

愛媛 - ①

「こうらく」と呼ばれる素焼きの鍋の上に石を敷き、そこに塩をふったタイ、エビ、ハマグリなどの魚介類をのせて焼く今治《いまばり》の郷土料理。適度に水分がとんで、ふっくらとした食感が味わえる。

愛媛 - ②

11 瀬戸ぐるめ「生ちりめん」

宇和海の鮮度のよい生ちりめんをすぐに食べる料理。近くにある水産工場では、ちりめん丼、生ちりめんの刺身、お吸いものなどのメニューが楽しめる。

12

さつま料理

愛媛 - ②

川魚アマゴを炭火で焼いてほぐし、焼いた麦みそ入りの冷水に入れて、ご飯にかけた郷土料理。「さつま」とはこの地方では「すり身」のことをさし、この名がついたといわれている。

13 食べさいや宇和島

宇和島食文化振興会に加盟する飲食店で「食べさいや宇治島」と注文すると鯛飯やじゃこ天、ふくめんなどの宇和島伝統郷土料理が食べられるイベント。ただし、料理は各店、季節によって異なる。

14 八幡浜市魚市場 &どーや市場

八幡浜市魚市場に隣接するどーや市場では、仲買人がセリ落とした魚を店頭販売する。とにかく格安のため、地元の料理人から主婦、観光客まで訪れ、毎日活気あふれる風景が見られる。

愛媛 - ③ 八幡浜市魚市場

愛媛 - ③ どーや市場

15

鯛そうめん

愛媛 - ②

甘辛く煮詰めた丸ごと一尾のタイ、ゆでたそうめん、錦糸卵などを大皿に盛った、南予の郷土料理。お祭りや祝い事の席には欠かせない。

16

ふくめん

愛媛 - ②

糸こんにゃくの上に紅白の魚のすり身、みかんの皮、ねぎを盛りつけた色鮮やかな宇和島独特の郷土料理。各家庭の味があり、今も正月や祝いのときなどにつくられる。

17

丸ずし

愛媛 - ②

おからに、酢で締めた背開きのイワシ、アジ、コダイを巻いたヘルシーな鉢盛り寿司。さっぱりとして食べやすく、「卯の花ずし」とも呼ばれる。

pick up!

宇和海の新鮮な小魚を丸ごと使った定番加工品

18 じゃこ天

愛媛 - ①

ジャコ、アジ、グチなどをすり身にし、小判形にして油で揚げた愛媛の特産品。どんな料理とも相性がよく、酒の肴にもなるため、土産ものとしても人気がある。衣をつけてカツ風に揚げた「じゃこカツ」(伊方じゃこ天直売所にて販売)や、じゃこ天材料などを揚げた「じゃこコロッケ」を米粉パンにサンドした「じゃこバーガー」など、ご当地グルメも続々登場。

全国の名物マップ

徳島・高知

太平洋に面する両県は、
暖流黒潮が運んでくる
海産物が豊富。
さらに、それらを加工した
おいしい加工食品は
全国的にもたいへん人気がある

※掲載情報は変更される場合があります。
詳細は協力（P188～）でご確認ください

1 鳴門ウチノ海新鮮市

「地産地消」をモットーに、地元で揚がる旬の魚や水産物、また地元名産の農産品などを生産者自らが販売する。

時 毎月第1土曜日

徳島-②

徳島 - ①

徳島 - ①

2 鳴門のワカメ

鳴門海峡の激しい潮流にもまれて育ったワカメは色つや、歯ごたえ、風味ともに最高品質で徳島の名産品。春先に収穫され、塩蔵ワカメ、糸ワカメに加工される。

pick up!

とくしま市民遺産の祭り料理

3 ボウゼの姿寿司

酢で締めたボウゼ（イボダイ）に特産のすだちを加えた酢飯を詰めたもの。現在でもよくつくられ、ボウゼ以外にも川魚のアユ、アマゴを用いた姿寿司がある。

徳島 - ①

徳島 - ①

4 アメゴのひらら焼き

平たい石のまわりにみそで土手をつくり、まんなかに川魚のアメゴ（アマゴ）や野菜をのせて焼く、吉野川流域の山間部で生まれた郷土料理。

徳島 - ①

5 フィッシュカツ

タチウオやエソなどのすり身にカレー粉などの香辛料を入れ、薄く伸ばしてパン粉をつけカラッと揚げた、県内のスーパーではおなじみの惣菜。

6 竹ちくわ

竹に魚のすり身を巻きつけて焼いた、知る人ぞ知るちくわ。すだちをかけてそのまま丸かじりするのが地元流。

徳島 - ①

7 小松島漁協直営 マリンショップ小松島

鮮度抜群の魚介類が取り引きされる小松島漁協魚市場では、一般客も購入が可能。小松島の水産物を手軽に味わえるよう、2階に販売窓口「マリンショップ小松島」が設けられている。特産の干しエビやクルマエビ、ハモ加工品などを予約販売している。

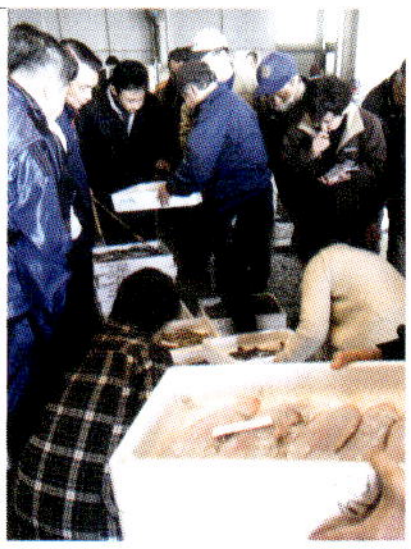

徳島 - ①

徳島 - ③

8 和田島漁協直営 ちりめんの店

地元で漁獲された「和田島ちりめん」を漁協が直接販売している店。とくに釜揚げは絶品。ほかにもワカメ、ヒジキ、のりなど地元の特産品もとりそろえており、全国への発送も行っている。

徳島 - ①

9 徳島のハモ

全国でもトップクラスの漁獲量を誇る徳島のハモは、質がよく県内外で高く評価されている。県でもブランド確立をめざし、県産ハモを提供する料理店を「徳島産はも指定料理店」として登録している。

10 海賊料理

アワビやサザエなどの貝を生きたまま網の上で豪快に焼く、県南の漁師料理。

徳島 - ①

11 どろめ、のれそれ

高知 - ①

ドロメはイワシの稚魚、ノレソレはアナゴの稚魚で、酢みそや三杯酢をからめて食べる。どちらも鮮度が命のため港近くでしか味わえない。酒好きの多い高知では、ドロメを肴にして酒量を競う「どろめ祭り」もある。

13 かつお祭

高知 - ①

カツオの一本釣り大会、高知伝統のカツオ料理などが並び、大勢の人が訪れる盛大な祭り。

時 5月の第3日曜日

12 日曜市

時 毎週日曜日

高知 - ①

街路市で、高知産のシラス、干物、野菜などの特産品が並ぶ。また日曜市に隣接した「ひろめ市場」では、たくさんの土佐料理を味わえ、毎日、地元の人や観光客でにぎわう。

14 久礼大正町市場

高知 - ①

大正時代の大火事の際、大正天皇から復興費が届けられたのを機に町名を大正町とした歴史をもつ市場。獲れたての新鮮な魚を安価で買えるとあって地元でも人気のスポット。

15 皿《さ》鉢《わち》料理

高知 - ①

大皿に刺身、寿司、煮もの、揚げものなどが豪快に盛りつけられた料理のこと。祭りや祝い事など高知の人間が集まれば必ずといっていいほど出される郷土料理。

16 高知「長太郎貝」

高知 - ①

ホタテガイの仲間である長太郎貝は、濁りの少ない海が近い夜須町の特産品。ホタテより甘く濃厚な味といわれ、かめばかむほどうまみが広がる。

17 アメゴ釣りな祭

高知 - ①

四万十川を会場に約1トンのアマゴとマスを放流し、釣りあげる祭り。会場ではアマゴ、ウナギのつかみ取りやアマゴの塩焼き、いちごなどの販売が行われる。

時 4月中旬

18 ウツボのたたき

高知 - ①

土佐では昔から日常的に食べられていたウツボは、いまや高級珍味として人気。淡白だが豊潤な味わいで、秋にはさらにうまみが増す。

高知 - ①

豪快さが魅力、薬味はにんにくで

pick up!

19 カツオのたたき

いわずと知れた高知の郷土料理で、別名「土佐造り」ともいう。カツオの表面を焦げ目がつくぐらいにあぶり、刺身より分厚めに切って薬味とタレをかけて食べる。地域によっては、あぶったあとに冷やし、薬味ににんにくを用いる。

大分 全国の名物マップ

豊後水道に面した南部は
複雑なリアス式海岸が続き、
さまざまな魚が水揚げされる。
地元ならではの郷土料理はどれも美味

大分 - ①

1 ホーランエンヤ

大漁旗や吹き流しなどで飾られた宝来船が、年貢米を送る船の安全と豊漁を祈願して桂川をさかのぼる豊後高田市の祭事。島原藩（長崎県）領地だった江戸時代中期から、毎年1月に行われてきた。大分県の無形民俗文化財。

2 生ちりめん

豊富なプランクトンがいる別府湾では、大きさのそろったシラスが獲れる。獲れたての「生ちりめん」には、磯の風味と産地ならではの味がある。

大分 - ①

大分 - ①

3 城下カレイ

全国的にも有名な城下カレイは、泥臭くなく、江戸時代から珍重されていた。肉厚の身は、刺身にするとコリコリとした食感が楽しめる。

大分 - ①

4 関サバ

pick up!

関アジとともに高級ブランド魚として知られ、一本釣りによって釣りあげられる。関アジ同様活け締めにされ、ていねいな取り扱いにより鮮度を保てるので、高値で取り引きされる。

大分 - ①

5 関アジ

大分県大分市の佐賀関で水揚げされる。傷をつけない扱いで鮮度を保たれた関アジは、脂がのって刺身にするとおいしい。

6 きらすまめし

大分 - ①

魚の切り身とおからを混ぜた臼杵市の郷土料理。天保の改革での倹約令の名残といわれている。

7 さかな味噌

大分 - ①

市場に出せないような安い魚を家庭で焼いてみそにまぜたのが始まりといわれる、姫島の自慢の逸品。

8 地獄蒸し工房

大分 - ①

魚、肉、野菜、なんでも温泉の蒸気で蒸しあげてくれる施設。近くには、おいしい蒸し料理を食べたあとにのんびりひと休みできる足湯や岩盤浴がある。

大分 - ①

9 臼杵《うすき》フグ

豊後水道の海の幸に恵まれた臼杵では、天然のトラフグが水揚げされる。引き締まった身はかめばかむほどうまみが広がる。フグ刺しをはじめ、チリ鍋、白子雑炊は格別の味わい。

10 ひゅうが丼

大分 - ①

マグロの赤身にしょうゆ、砂糖などの調味料とねぎやごまなどの薬味を入れた特製のごまダレと和えてご飯にのせたどんぶり。明治時代からマグロの遠洋漁業基地として栄えた保戸島で考案された。

11 佐伯《さえき》寿司

大分 - ①

黒潮と瀬戸内海からの潮流がぶつかりあう佐伯の海で獲れる魚は身が締まっており、寿司ネタに最適。漁師もうなるほどおいしいため、観光客にも人気が高い。

12 りゅうきゅう

大分 - ①

獲れたての新鮮な刺身をしょうゆ、しょうが、ねぎ、ごまなどを入れたつけ汁につけ込んだ漁師料理。どんぶりやお茶漬けにしてもおいしくいただける一品。

福岡・佐賀

全国の名物マップ

身の締まった魚が獲れる玄界灘と養殖場としても優れた有明海とを擁す両県は極上の海産物がそろう

●：買いものができる市場、朝市、港など
■：自慢の魚介や料理、加工品
●：祭りやイベント情報

※掲載情報は変更される場合があります。
詳細は協力（P188～）でご確認ください

1 柳橋連合市場

明治初期に個人商店が店を開いたのが始まり。今では生鮮食品を豊富にそろえた店が多く並び、通称「博多の台所」として職人はもちろん、一般人もにぎわう市場である。

福岡 - ③

福岡 - ②

2 旦過《たんが》市場

大正時代に魚の荷揚げ場とされたのが始まりで、今では220もの店が軒を連ねる。魚、肉、野菜を取り扱う店から飲食店までなんでもそろっており、毎日人々の活気であふれている。

3 関門のふぐ

フグの水揚げ日本一の下関が対岸にある門司港では、フグをリーズナブルな値段で味わえる穴場として人気がある。

福岡 - ①

4 あしやんいか

玄界灘の荒波にもまれ身の引き締まったイカが獲れる芦屋。平成13年に公募によって芦屋名産のイカは「あしやんいか」と名づけられた。甘みのあるコリコリとした食感は、町内の料理店で気軽に楽しめる。

福岡 - ①

福岡 - ③

5 ごまさば

新鮮なサバの刺身をしょうゆベースのタレにつけ込み、すりごまをまぶした博多の郷土料理。ご飯にのせても、お茶漬けにしてもおいしい。

pick up!

味つけには幾多のこだわりが

福岡 - ③

6 辛子明太子

スケトウダラの卵を、唐辛子につけ込み熟成させた福岡の自慢の逸品。福岡市内にはたくさんの製造元があり、それぞれにこだわりの味をもっている。どんな料理にも使え、福岡土産としても喜ばれる。

7 豊前海一粒かき

豊前海で養殖され、粒が大きいのが特徴のブランドカキ。北九州市では毎年1月に「『豊前海一粒かき』のかき焼き祭り」を開催し、2日間で5万トン以上のカキが販売される。

時 毎年1月

かき焼き祭り
福岡 - ④

福岡 - ③

8 おきゅうと

乾燥させたエゴノリを煮て溶かし、薄く伸ばして固め、細切りにする。それにごまやかつお節をのせて、しょうゆやポン酢をかけていただく博多の庶民料理。ところてんに似た食感と味わいがある。

9 福岡のり

2007年にブランド化された福岡のりは知る人ぞ知る福岡県柳川市の名産品。多くの河川が流れ込み、豊富な栄養分が満たされた有明海で育つのりはうまみがたっぷりで格別の味わいがある。

福岡 - ①

10 姪浜《めいのはま》の朝市

福岡市でいちばん歴史のある朝市で、鮮魚店は毎回早朝から来場客が殺到し、すぐに売り切れてしまうほどの人気がある。また、この朝市では多くの博多湾の特産品を扱っており、観光スポットとしても有名。

時 毎週日曜日

福岡 - ③

佐賀 - ②

11 呼子《よぶこ》の朝市

大正時代から開かれている、石川の輪島、岐阜の高山と並ぶ日本三大朝市のひとつ。とれたての水産物、農産物が露店に並び、活気ある声が飛び交う。この光景は呼子の名物。

pick up!

地元でしか味わえない獲れたての味

12 呼子のイカ

佐賀 - ①

唐津市呼子町の名物イカを使った活け造りは、注文してすぐにいけすからイカをすくい、スピーディに調理するため、透明なまま皿に盛られてくる。甘くてプリプリとした食感を楽しめる。

13 シロウオ料理

佐賀 - ②

唐津市浜玉町では春になるとシロウオが旬を迎え、さまざまな調理法で楽しまれる。ちらし、天ぷら、茶碗蒸し、吸いものなど、いずれも魅力的だが、やはりのどごしのいい踊り食いは絶品。

14 マリンセンターおさかな村

玄界灘の海の幸が市場直送で集まり、土産ものに最適な商品が豊富にとりそろえられている。レストランでは、新鮮な旬の食材を使ったコース料理が手ごろな料金で味わえる。

佐賀 - ②

15 ツガニ料理

佐賀 - ③

玉島川上流に生息するツガニ（モクズガニ）は、晩秋から冬の時季にかけて、塩ゆでやカニ飯などにして食べられる。また、清らかな玉島川には川魚も多く、川魚料理も人気。

16 伊万里クルマエビ

伊万里湾の自然の入り江を養殖地に利用した「伊万里クルマエビ」は、自然に近い生育環境で育てられ、天然エビに匹敵する色ツヤと身の締まりが特徴。また、西京みそで仕上げた加工品「車エビみそ漬」も人気。

佐賀 - ①

17 エツ料理

佐賀 - ②

エツはカタクチイワシ科の魚で、筑後川流域でしか見られず、賞味できるのも5月から7月まで。珍魚のため、地元ではエツにまつわる伝説も多い。揚げもの、塩焼き、煮ものなどいろいろ楽しめる。

18 有明海料理

佐賀 - ②

広大な干潟のある有明海は、名物のムツゴロウ、クチゾコ（シタビラメ）、ウミタケ、ボージャ（ウミニナ類）など変わった魚貝類を楽しめる。どれもおいしく、これらの食材を使った有明海料理は佐賀市内の旅館などで味わえる。

19 須古ずし

佐賀 - ②

白石町に伝わる郷土料理で、もち米を少し加えた酢飯を箱に詰め、ムツゴロウ、しいたけ、錦糸卵などをのせた押し寿司。手に入りにくくなったムツゴロウは、ほかの魚で代用されることが多い。

長崎

全国の名物マップ

全国2位の長い海岸線と
たくさんの漁港がある長崎。
この恵まれた海洋環境で、
多くの種類の魚が水揚げされる

※掲載情報は変更される場合があります。
詳細は協力（P188～）でご確認ください

長崎 - ①

2 勝本朝市

江戸時代に農民と漁民が互いの物産を物々交換したのがルーツといわれる勝本朝市。毎朝8時前からとれたての海の幸、山の幸、さまざまな地元の名産品、特産品が並ぶ。

3 平戸ひらめまつり

期間限定で市内の宿泊施設や飲食店で、平戸の豊かな海で育った名産の天然ヒラメが格安で堪能できる、毎年好評のイベント。

時 1月～4月

長崎 - ②

長崎 - ④

1 佐世保朝市

約250の店舗があるこの朝市では、毎朝3時から鮮魚、青果物などさまざまなものが並ぶ。多くの特産物がかなり格安に購入できるとあって、市民はもちろん料理人、県外からの観光客で毎日にぎわう。

pick up!

長崎 - ①

フグ鍋より上との評価も
4 アラ料理

幻の巨大高級魚クエ（アラ）は秋から冬に旬を迎える。上品なうまみを味わうならやっぱり鍋がおすすめで、深みのある味わいの身とコクが出たスープは絶品。冬には平戸市内で「アラ鍋まつり」も行われる。

5 からすみ

ボラの卵巣を塩漬けして乾燥させた珍味。300年以上前に中国から長崎に伝わったとされる。製法が難しいこともあり、高価な贈答品として用いられることが多い。その濃厚な味は絶品。

長崎 - ①

6 魚《お》島《と》来《こ》めし

長崎 - ①

新鮮な旬の魚介の刺身をごまダレにつけてご飯にのせた料理。途中、お茶をかけてお茶漬け風にするのが通の食べ方。

7 ウニ丼

長崎 - ①

長崎での5月から9月のごちそうといえばウニ。壱岐で収獲されるムラサキウニ、アカウニ、バフンウニは磯の香りが強く、それぞれに個性的なうまみがある。地元ではぜいたくにどんぶりにして食べるのが人気。

8 九十九《くじゅうく》島カキ

九十九島の海では秋から冬にかけて特産のカキが旬を迎え、海岸沿いにはカキ焼き小屋が出現する。さらに、土日祝日限定で「九十九島かき食うカキ祭り」が行われ、アツアツの焼きガキが格安で食べられる。

長崎 - ③

9 五島ちゃんこ

長崎 - ①

トビウオでつくるアゴだしをベースにアジといのしし肉のつみれ、地野菜をたっぷり煮込み、締めに五島うどんを入れる新上五島の名物料理。

長崎 - ①

10 石焼き料理

石英斑岩という特殊な岩を熱し、新鮮な魚介類をのせて焼いて食べる、対馬市実津島町根緒が発祥の伝統料理。

11 紀《き》寿《ず》司《し》

長崎 - ①

紀州の漁師が魚の酢づけとおにぎりを合わせた「生寿司」が始まりとされ、それが奈良尾地区に伝えられて「紀寿司」と名づけられた。歴史のある郷土寿司。

宮崎・熊本

全国の名物マップ

太平洋に面する宮崎と
有明海、八代海に面する熊本では
新鮮な海の幸が獲れ、九州ならではの
郷土料理をたっぷり楽しめる

：買いものができる市場、朝市、港など
：自慢の魚介や料理、加工品
：祭りやイベント情報

※掲載情報は変更される場合があります。
詳細は協力（P188～）でご確認ください

熊本 - ①

1 田崎市場

全国でもめずらしい民間経営の熊本地方卸売市場は、通称田崎市場と呼ばれ、熊本市民の食に欠かせない場所。場内には新鮮な魚や野菜を使ったメニューが豊富な食堂もある。

2 楠並《くすなみ》木《き》朝市

宮崎の四季折々の海産物、農作物、畜産物を一堂に見られて、食べて、買うことができる。郷土料理を出すお店もあり、地元ではこの朝市を楽しみにしている人も多い。

時 毎月第１・第３日曜日

宮崎 - ①

宮崎 - ①

3 いきいきまちフェスティバルイン門川

時 11月上旬

日向灘に面した海の町、門川町で開かれる産業祭、商業祭、文化祭を同時に行う一大フェスティバル。会場内では、鮮魚即売コーナーやしし鍋無料試食会なども行われ、門川町の豊かな恵みを感じられる。

宮崎 - ①

pick up!

清流が育む、すがすがしい香り

4 アユ料理

おもに五ヶ瀬川水系と大淀川水系で漁獲され、とくに「五ヶ瀬川のアユ焼き」は環境庁の「かおり風景 100 選」にも選定されている。さらに、県の北部では養殖もさかんに行われている。やわらかく香り高い身は初夏の風物詩。

5 天然カキ

宮崎の中部から北部には天然のイワガキが多く生息し、水揚げがさかんに行われる。夏が旬のイワガキは、大きいものでは 1kg 以上にもなり、肉厚な身は生でも焼いてもうまい。

宮崎 - ①

6 チリメン

うまみのあるシラスが獲れる宮崎では、熟練の伝統技術で最高級のチリメンがつくられ、県の特産品として全国の市場へ出荷されている。

宮崎 - ①

7 冷や汁

イリコや焼きほぐしたアジ、炒ったごま、直火で焦げ目がつくまで焼いたみそ、輪切りのきゅうり、ほぐした豆腐、せん切りの大葉を加えて混ぜた、冷たいだし汁をご飯にかけて食べる漁師料理。

8 魚《うお》寿司

宮崎ではサバ寿司のことを魚寿司と呼び、一尾丸ごとの姿寿司は門川町が発祥とされている。現在でも祭事やお祝い事の席に出されるほか、土産ものとして客に持たせる習慣がある。

宮崎 - ①

9 おび天

日南市の郷土料理で、日向灘近海で獲れるイワシ、アジ、サワラなどの魚のすり身を豆腐と混ぜ、しょうゆ、みそ、黒砂糖を加えて形をつくり、油で揚げる練り製品。ふんわりとした食感で、ほんのり甘い。

宮崎 - ①

宮崎 - ①

10 旭ガニ

甲羅が丸く、あたかも朝日が昇ったような鮮やかな朱色が特徴的なカニ。宮崎のほか、ごく一部でしか獲れないためたいへん希少性が高く、高値がつくことが多い。

熊本 - ③

11 ヤマメ

豊かな自然の恵みがある熊本の清流ではヤマメがよく釣れ、各地でつかみ取りイベントも行われているほど。また、県内の飲食店ではヤマメ料理を提供する店が多数ある。

タコ丼3種

熊本 - ②

タコくっきぃ

熊本 - ②

12 タコグルメ、土産

日本一のタコの町、有明町にはタコ街道と呼ばれる海岸沿いの道があり、天草名物「タコ飯」、大きなタコがのった「タコ丼」、直径 7cm の巨大タコ焼き「びっくり焼き」などのタコ料理や、干しダコ入りの「タコくっきぃ」などのお菓子も楽しめる。

熊本 - ④

13 あまくさ本渡《ほんど》ん丼丼《どんどん》フェア

本渡地域の飲食店約 30 軒が協力して開催されるイベントで、天草の新鮮な食材を用いて天草陶磁器に盛られた、各店舗自慢の丼が楽しめる。

時 10 月～ 12 月

14 秋の天草アワビまつり

五和町の各旅館やレストランの共催で、旬のアワビを使った料理を提供し、各店舗で自慢のアワビ料理が味わえるイベント。

時 9 月～ 12 月

熊本 - ④

pick up!

濃厚な味わいを南国で

15 ムラサキウニ

天草灘で育ったムラサキウニは 3 月から 4 月が旬。深いコクとまろやかな食感はアツアツのご飯にぴったり。

熊本 - ④

16 すり身バー

夏はエソやアジ、秋冬はイワシを使い、串に刺して食べやすいようになっている、五和の新名物。

熊本 - ④

17 牛深あかね市

牛深の方言で「大漁だ、よかったね」という意味がある「あかねする」が語源。タイ釣り大会、特産物の即売会、農産物品評会が開催され、多くの観光客でにぎわう。

熊本 - ④

熊本 - ④

18 うつぼ

天草では古くからコラーゲンたっぷりのウツボ料理が食べられ、もち米、野菜と炊き込んだ「うつぼおこわ」は、天草でしか味わえないオリジナル料理。

鹿児島

全国の名物マップ

暖かい海には数多くの
島があり、そこで獲れる
良質の海産物は
全国的に人気が高い

：買いものができる市場、朝市、港など
：自慢の魚介や料理、加工品
：祭りやイベント情報

※掲載情報は変更される場合があります。
詳細は協力（P188～）でご確認ください

1 まぐろラーメン

マグロの消費拡大を目的に開発され、マグロでとったスープに赤身がのっている。現在7店舗で販売され、地元の人のみならず観光客にも大人気。

鹿児島 - ②

2 キビナゴの刺身

鹿児島 - ①

ニシン科に属する7～8㎝くらいの小魚で、カルシウムたっぷり。鹿児島では刺身を酢みそで食べる。また、塩焼きや天ぷらなどにしてもおいしい。

3 酒ずし

酢ではなく、火入れしない地酒（灰持酒）を使って、季節の山海の幸をふんだんに用いる伝統料理。

鹿児島 - ①

鹿児島 - ②

4 串木野まぐろフェスティバル

マグロの消費拡大とＰＲを目的としたイベント。販売、カブト焼きの試食会や、マグロが丸ごと一本当たる大抽選会まであり、まさにマグロづくし。

時 4月末

鹿児島 - ③

5 枕崎お魚センター

新鮮な水産物を購入できる充実した館内には、水族館さながらのアクアリウムまであり、家族連れが多く集まる。毎月第3土・日曜日の「お魚まつり」では特売があり、おいしい漁師鍋がふるまわれる。

鹿児島 - ①

6 さつま揚げ

エソ、ハモ、アジなどのすり身を油で揚げたもので、「つけあげ」とも呼ばれている。豆腐を混ぜ合わせることでふんわりとした食感が生まれる、鹿児島の特産物。

鹿児島 - ④

7 さつま黒潮 きばらん海枕崎港まつり

漁師鍋の無料配布や１万発の花火などのイベントが行われる、南薩摩最大の祭り。枕崎市漁業協同組合主催で大漁と航海安全を祈願するために始められた。

時 8月の第１土・日曜日

pick up! カツオの魅力を、あますところなく

鹿児島 - ③

8 カツオのビンタ料理

ビンタとは鹿児島弁で頭のことで、カツオの頭を丸ごと煮つけやたたきなどにした「ビンタ料理」は、枕崎の名物。とくにカツオの頭を塩ゆでしたものは絶品。

鹿児島 - ⑥

9 屋久島くびおれサバ

屋久島で一本釣りで漁獲するゴマサバの呼び名。釣ってすぐに首を折って血抜きをするので鮮度抜群。プリプリで弾力のある身は刺身で味わいたい。

鹿児島 - ③

10 カツオの腹皮

トロのように口の中でとろける食感があるカツオの腹皮は、うまみがギュッと濃縮され、枕崎では人気の食材。香ばしく焼けば、鹿児島特産のいも焼酎にぴったり。

沖縄

全国の名物マップ

本土とは違う、鮮やかな色の魚が
水揚げされる。
味わい深い郷土料理は
この地の独特の歴史を感じさせる

沖縄 - ①

1 牧志《まきし》第一公設市場

鮮魚、精肉、青果など、あらゆるものが購入できる沖縄庶民の台所。2階には食堂があり、沖縄の食文化を垣間見られる。

沖縄 - ②

3 平和通り

市場本通りとほぼ平行しているアーケード街で、沖縄独特の土産品店、飲食店、衣料品店など約200店舗が軒を連ね、毎日観光客や地元の人々でにぎわっている。飲食店で汁ものをたのむと、ご飯がサービスされる。

2 市場本通り

観光スポットとしても有名で、沖縄の食材をはじめ、土産もの、雑貨などを取り扱う店が多く、人情味あふれる雰囲気を感じながら買いものを楽しめる。

沖縄 - ②

沖縄 - ①

長寿の秘訣は食材にあり？ pick up!

4 沖縄料理

独特の文化をもつ沖縄でもコンブは多く使われ、炒めものの「クーブイリチー」や、豚肉と刻みコンブと野菜類を米と炊き込んだ「クファジューシー」などがある。これらは現在も庶民の料理として、日々の食卓に出されている。

5 クスイムン料理

語源は「薬になるもの」という、昔から受け継がれてきた滋養食。エラブウミヘビを使ったイラブー汁は、琉球王国の宮廷料理にもなっていた。

沖縄 - ①

8 東道盆《トゥンダーブン》

琉球王朝時代から使われている伝統的な前菜の器をいう。八つの仕切りがあり、魚のコンブ巻き、イカ料理などのほか、肉や野菜を使った前菜が華やかに盛りつけられ、正月や祭事にふるまわれる。

6 海ぶどう

沖縄の海に生息する海藻で、プチプチとした独特の食感をもつ。塩気があるので、そのまま食べるほか、ポン酢やドレッシングをかけてもおいしい。

沖縄 - ③

9 アーサー

沖縄の祝いの席には必ずつくられるアオサ汁。風味豊かなこの海藻は、お吸いものやスープの具にぴったり。

沖縄 - ③

沖縄 - ③

7 モズク

沖縄で多く養殖されている海産物で、旬は4月から6月。酢のものにして食べられるほか、天ぷらやみそ汁などさまざまな料理に使われる。

沖縄 - ③

10 スクガラス

アイゴの稚魚を塩漬けにした珍味で、酒の肴として豆腐にのせて食べるのが沖縄流。料理の隠し味として入れても◎。

沖縄の魚の独特の名称

シイラ＝マンビキ

ナンヨウブダイ＝イラブチャー

タカサゴ＝グルクン

アオダイ＝シチューマチ

ツムブリ＝ヤマトナガイユ

カツオ＝アヤガチュー

キハダマグロ＝チンパニ、シビ

メアジ＝ガチュン

シマアジ＝カーラ

タチウオ＝タチヌイ

ヒメダイ＝クルキンマチ

トビウオ＝トウブー

ご当地駅弁・空弁④

愛媛 - ④

愛媛 瀬戸の押寿司

寿司ネタのタイは食感を活かすためにサッと酢で締めてから薄切りにしたもので、専門店さながらのこだわりがあり、根強い人気がある。

愛媛 鯛めし弁当

愛媛の名産タイを使った炊き込み弁当は、昔から変わらない伝統の味を楽しめる。

愛媛 - ④

愛媛 - ④

愛媛 しまなみ海道ちらしずし

しまなみ海道に浮かぶひょうたん島をイメージ。アナゴ、タコ、エビなどをちりばめたちらし寿司と、おかずにはエビ天ぷらやコンブ巻きなど瀬戸内の幸がぎっしり。

鹿児島 えびめし

鹿児島産の干しエビを使って炊きあげたご飯が大人気の弁当。副菜にはオリジナルの若鶏の唐揚げ煮や和風エビフライなどが入り、ボリューム満点。

鹿児島 - ⑤

鹿児島 - ⑤

鹿児島 あゆ物語

大きなアユの甘露煮、具だくさんの煮ものなど昔なつかしいおかずはていねいに炊きあげた地元産のご飯と相性抜群。

※掲載情報は変更される場合があります。

冬を味わう

―季節と地域の魅力を知ろう―

知っておきたい 魚のあれこれ

ここからは季節ごとに、おいしい魚の選び方や食べ方、伝統料理などに加え、旬、名前の由来や地方名といった基本情報までを紹介していきます。これだけでもかなりの情報量ですが、気になる栄養価についても取りあげました。

現代人にとって、魚は「体によい食材」とイメージされています。しかし何がどう体にいいかとなると、すべてを把握するのは難しいでしょう。こうした栄養情報の基本をおさらいする意味で、ここでは魚介類に含まれる魅力的な栄養成分についてまとめました。

魚のたんぱく質

たんぱく質は、皮膚や筋肉の細胞を新しくするのに欠かせない栄養素です。そしてさまざまな種類があり、その質は含まれているアミノ酸の種類と量で決まります。このアミノ酸は、体内で糖や脂質を代謝するのに必要な酵素や、ドーパミンやセロトニンなどの神経伝達物質（GABA）、免疫の抗体などの成分でもあります。

魚のたんぱく質には「必須アミノ酸」が含まれ、これは体内で合成されないため食事から摂取しないと不足する、とても重要なもの。これが効率よく体内で働くようなバランスで含まれているため、魚は体によいといわれるのです。

魚の不飽和脂肪酸

背の青い魚に多く含まれる不飽和脂肪酸のＥＰＡやＤＨＡは、血液をサラサラにするといわれています。とくにサバやイワシには豊富に含まれており、血栓を予防し、中性脂肪を減らして血中脂質のバランスを整えます。

ＤＨＡは悪玉といわれているＬＤＬコレステロールを減らしますが、さらに特徴的なのが、脳への働き。脳の機能を活性化し、記憶力や学習能力を高めることが注目されていて、認知症予防にも効果を発揮するといわれています。

生活習慣病が気になる人は、青背魚を一日一食は取り入れたいですね。

魚介類に豊富なタウリン

含硫アミノ酸（硫黄を含むアミノ酸の総称）の一種であるタウリンは、貝類、タコやイカ、サバやイワシなどに豊富に含まれます。血圧を調整し、中性脂肪や血中コレステロール値を下げる効果があるので、脳卒中や動脈硬化を予防します。また肝臓の機能を高め、解毒作用を強化するほか、胆石症予防にも効果的。

タウリンは水溶性なので、アサリやシジミ、カキなどは、みそ汁や鍋といった、汁といっしょに食べる調理法がいいですね。

魚のビタミン

魚には、脂溶性ビタミンA、E、Dが豊富です。このビタミンは、水洗いや加熱をしても損失が少なく、油といっしょに食べると体内への吸収率がアップします。ビタミンAは、視覚反応を正常に保ち、皮膚や粘膜の健康を維持。ウナギ、ギンダラ、アナゴなどにはとても豊富に含まれています。

多くの魚に含まれるビタミンEには抗酸化作用があり、動脈硬化の予防や免疫力を向上させる効果があります。

ビタミンDはカルシウムの吸収を助ける働きがあり、アンコウの肝やクロカジキ、鮭やイワシの丸干し、メバル、イサキ、脂ののった赤身魚などに豊富です。

魚のミネラル

ワカサギやイワシの丸干し、シラス干しなどは、骨ごと食べることで、カルシウムをたっぷり摂取できます。カルシウムは私たちの体を守ってくれる、骨や歯の主成分。日本人には慢性的に不足しているとの指摘もあり、ビタミンDといっしょに摂ることで吸収率が高まります。魚はビタミンDも豊富なので、一石二鳥ですね。

また魚貝類には、銅、亜鉛、鉄といったミネラルも豊富です。カツオやマグロのような赤身の魚は、鉄分が多く、その血合には、とくに豊富に含まれます。鉄は、全身に酸素を運搬する赤血球中のヘモグロビンを構成するもの。貧血になると息苦しく疲れやすくなるのは、これが減少し細胞が酸素不足になっているからです。女性は貧血予防のためにも、積極的に摂取したいですね。鉄は体内に吸収しにくいミネラルですが、魚には吸収率のよいヘム鉄が多く、しかも良質なたんぱく質も含まれているので吸収率が高まります。

ほかにもカリウムが多く含まれています。カリウムは余分なナトリウム（塩分）を排出し、高血圧を予防するミネラルです。サワラ、ブリ、ハマチ、イカなどには多く含まれています。

監修／鎌倉女子大学　専任講師　大中 佳子

あんこう

Angler,Goosefish

鮟鱇

地方名：アゴ（和歌山）
クツアンコウ（神奈川）
ミズアンコウ（宮城）

標準和名：キアンコウ
科：アンコウ科
生息域：北海道以南に分布。水深 25 ～ 560m の砂泥底に生息。
語源：同じ場所に留まり動かないことから、一定期間一定の場所から動かない仏教の修行法「あんご（安居）」から転じたとの説や、その赤い体色を表した「アカヲ（赤魚）」から転じたとする説、大きなアゴをもつことから「アゴ（顎）」が転じたとする説など、多数ある。

骨以外はあますところなく食べられる

淡白な味わいの身、肝、胃袋、皮、えら、ひれ、卵巣はアンコウの七つ道具と呼ばれ、鍋料理によく使われます。肝は一般にアンキモと呼ばれ、上質なものは栄養価も高く珍重されています。

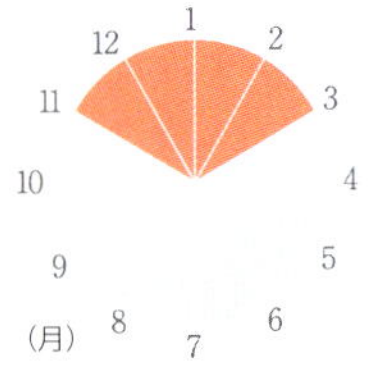

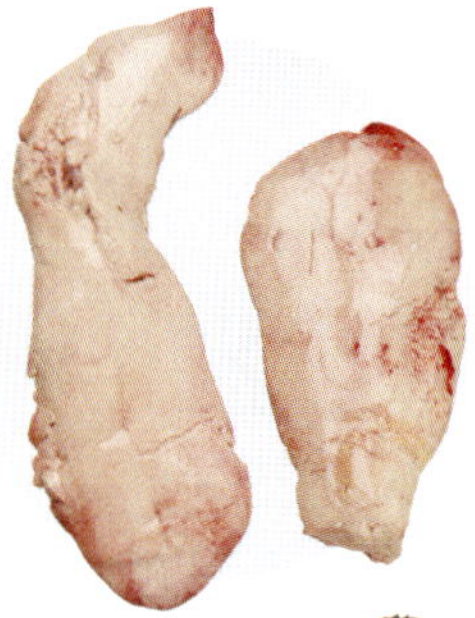

アンキモ

過剰摂取は注意が必要。まれにめまい、おう吐などを起こす場合があるので、摂りすぎは避ける。

山口 - ⑦

器に血がたまっていないものがいい

胃から傷んでくるので、鼻を近づけてにおうものは選ばない

お國自慢

山口「七つ道具料理」

新鮮だからこそ食べられる、珍味料理。七つの部位、一つひとつにいちばん適した調理法がなされており、それぞれの風味豊かなおいしさが楽しめる。

お國自慢

福島「どぶ汁」

全国有数の水揚げ量を誇る福島県いわき市のアンコウ。そのアンコウを使ってつくる「どぶ汁」は、鍋に肝を最初に入れ、焦げないように炒めてみそを加え、残りの部位と旬の野菜を弱火で煮込んでつくられる。水を使わないので、より強くアンコウのうまみを味わえる。

福島 - ②

おいしい栄養

身は約 85 % が水分で、たんぱく質が少ない。肝は栄養価が高く、ビタミン、ミネラルが豊富。

食品成分表（可食部100gあたり）

エネルギー	58kcal
水分	85.4g
たんぱく質	13g
脂質	0.2g
炭水化物	0.3g
ビタミンA（レチノール当量）	13μg
ビタミンD	1μg
ビタミンE（トコフェロールα）	0.7mg

かじか

鰍

Japanese sculpin

地方名：ボッケ（宮城）
トウベツカジカ（北海道）
オコゼ、サッタロウ（福島）

標準和名：カジカ
科：カジカ科
生息域：日本では北海道、東北地方に分布。ケムシカジカは水深200mより浅い海底に生息し、冬から春にかけて浅瀬に移動する。
語源：カジカとはもともと「カジカガエル（河鹿蛙）」という渓流にすむカエルのこと。かつてはそのカエルと魚のカジカは同じ生物だと思われていたため、そのまま「かじか」と呼ばれ続けている。

全国の郷土料理で親しまれる魚

淡水産と海水産のものがあり、これらを使った料理は各地で「ゴリ料理」と呼ばれています。淡白な味でだしもよく出るため、鍋もの、卵とじ、骨酒など、さまざまな調理法で食べられています。

食品成分表（可食部100gあたり）

エネルギー	111kcal
水分	76.4g
たんぱく質	15g
脂質	5g
炭水化物	0.2g
無機質　鉄	2.8mg
ビタミンD	3μg
ビタミンE（トコフェロールα）	1.3mg

冷え性や貧血予防に効果のある鉄などのミネラルが、豊富に含まれる。

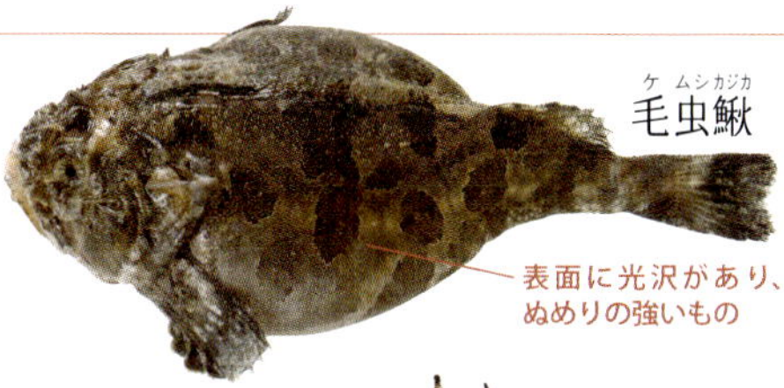

毛虫鰍《ケムシカジカ》

虹鰍《ニジカジカ》

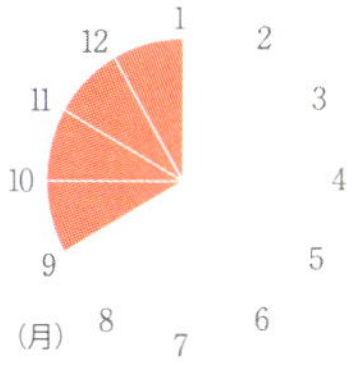

きんめだい

金目鯛

Alfonsino

地方名：アコウダイ（新潟）
キンメ（東京、神奈川）
アカギ（神奈川）
別名：マキン

標準和名：キンメダイ
科：キンメダイ科
生息域：世界中に分布。日本では北海道釧路沖以南の太平洋、水深100～800mの岩礁域に生息。
語源：その名のとおり、目が金色に光ることから。目が大きいのは光の届きにくい深海に生息しているためだと考えられている。

鮮やかな赤いうろこと金色の目が特徴

体色と目が特徴的で「キンメダイ」の名がついていますが、タイとは別種。しかし地方によっては、マダイの代わりに祝い事の魚としても使われます。脂ののったやわらかな白身は煮つけ、蒸しもの、ちり鍋にするとおいしく味わえます。

体色が鮮やかで、うろこが金色にかがやいている

目が金色で、白い部分が濁っていないもの
30cm程度の大きさのものが美味とされる

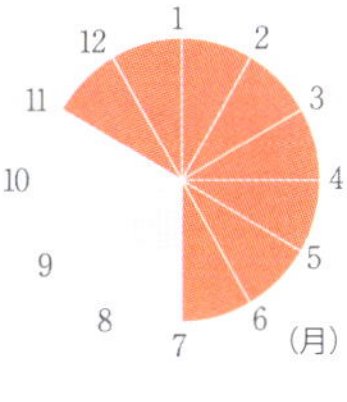

目のまわりの身は美味

薄暗い深海にすむキンメダイの目は大きく、その目を支える筋肉は非常に発達している。煮つけなどでは絶品の部位として人気が高い。

食品成分表（可食部100gあたり）

エネルギー	160kcal
水分	72.1g
たんぱく質	17.8g
脂質	9g
炭水化物	0.1g
ビタミン B_1	0.03mg
ビタミンD	2μg
ビタミンE（トコフェロールα）	1.7mg

ほかの白身魚に比べると高カロリー。ただカリウム、マグネシウムなどのミネラルが豊富でコラーゲンも多いため、肌によい魚でもある。

こい

鯉

Common carp

地方名：ハネッカエリ（東京）ヤマトゴイ（琵琶湖）サラサ（長野）、クーユー（沖縄）

標準和名：コイ
科：コイ科
生息域：日本全国に分布。河川の中・下流域の流れがゆるやかなところ、池や沼の中層や底に生息。
語源：色が濃いことからその名がついたといわれている。コイは雄雌が仲むつまじく、その様子からの「恋」という説もある。漢字で魚偏に「里」と書くのは、コイのうろこが縦に 36 枚並ぶことから、一里（＝ 36 町）になぞらえて。

日本全国に分布する淡水魚の王者

古くから各地で養殖されている淡水魚。身は赤身魚と白身魚の中間という印象で、鮮度が落ちると臭みが出ます。そのため生きたまま調理し、濃いめの味つけにすることが多いのです。

食品成分表（可食部100gあたり）

エネルギー	171kcal
水分	71g
たんぱく質	17.7g
脂質	10.2g
炭水化物	0.2g
ビタミン B_1	0.46mg
ビタミンD	14μg
ビタミンE（トコフェロールα）	2mg

鉄、カリウムなどをよく含み、とくに糖質のエネルギー代謝に欠かせないビタミン B_1 が豊富。

死ぬとすぐに生臭くなるのでできるだけ生きのいいものを

妊婦におすすめ

コイは昔から「妊娠中のむくみを改善し、産後の母乳の出をよくする」といわれてきた。実際、利尿作用、母乳分泌をよくする栄養素があり、効果はあるようだ。

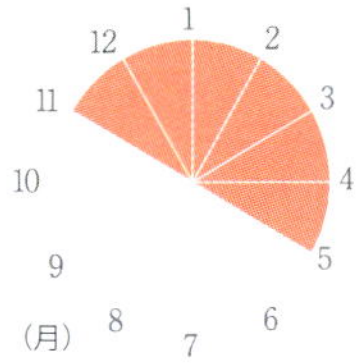

このしろ

鰶

Gizzard shad

地方名：シンコ、コハダ（関東）ツナシ（関西）

標準和名：コノシロ
科：ニシン科
生息域：東北地方南部から南シナ海北部に分布。湾内や沿岸の表層や汽水域に生息。
語源：諸説あるが、糸状に伸びたひれを「子の後ろ」「此の後ろ」と表したとの説が有力。そのほか、子どもの身代わりという意味の「子の代」といういわれもある。

江戸前寿司 “コハダ” で知られる魚

成長すると呼び名が変わる出世魚で、成魚を「コノシロ」、その前段階が「コハダ」。関東では寿司ネタとして有名です。関東では酢で締めることが多いですが、関西では塩焼きや煮つけにもされます。

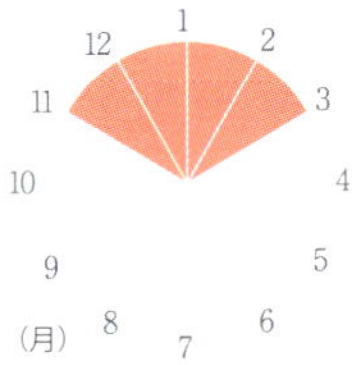

腹が破れておらず、ハリのあるもの

食品成分表（可食部100gあたり）

エネルギー	160kcal
水分	70.6g
たんぱく質	19g
脂質	8.3g
炭水化物	0.4g
無機質　鉄	1.3mg
ビタミンD	9μg
ビタミンE（トコフェロールα）	2.5mg

たんぱく質、脂質が多く、骨を強くするカルシウムもかなり豊富に含まれる。

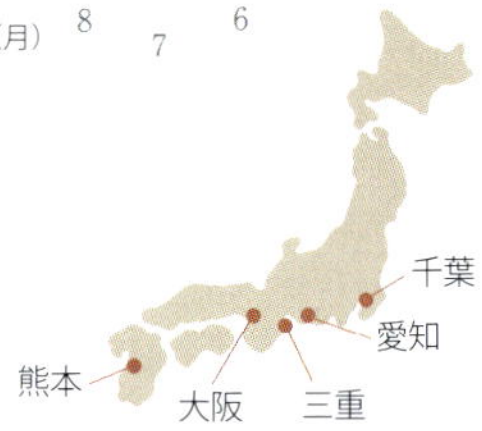

コハダやシンコは寿司ネタとしての需要があるが、コノシロまで育つと小骨が多くなり人気がなくなる。そのため、わざわざコノシロ目的で漁に出ることは少ないといわれる。

コハダ寿司

しらうお

白魚

Icefish

地方名：シラス（茨城、石川）
シロヨ（秋田）
シロウオ（関西）

標準和名：シラウオ
科：シラウオ科
生息域：日本各地からサハリン、朝鮮半島まで分布。海水と淡水が混じり合う汽水域に生息。汽水域は環境が変動しやすいので、汚染の進む湾や河口域では獲れなくなっている。
語源：生きているときは透明だが、死んでしまうと白くなることや、ゆがくと白くなることから。

透き通る体が美しい魚

ふだんは河口にすみ、春の産卵期に川に上ってくる、体が透き通った小さな淡水魚です。淡白であっさりとした味わいを楽しむために、酢のもの、お吸いものなどに調理されます。

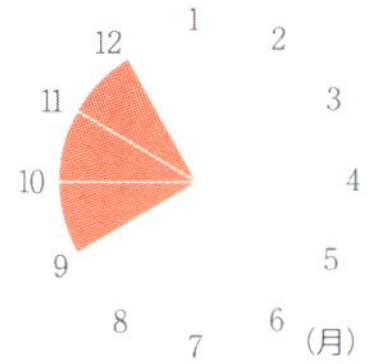

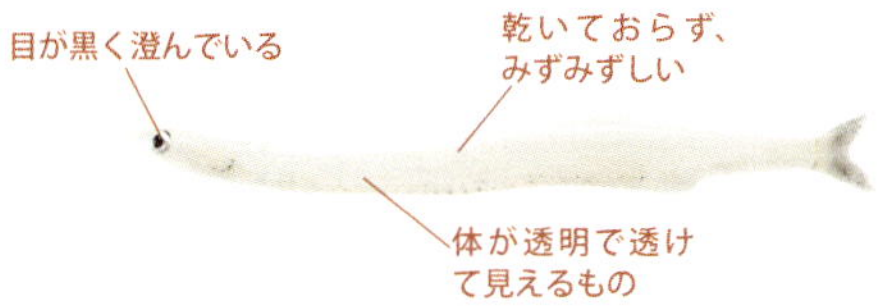

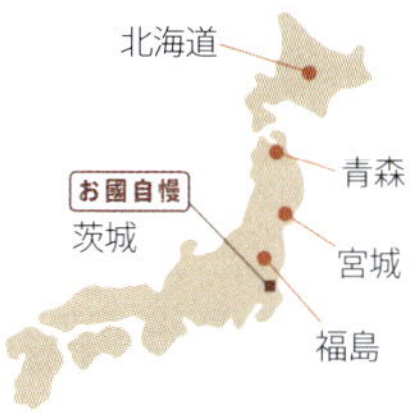

食品成分表（可食部100gあたり）

エネルギー	77kcal
水分	82.6g
たんぱく質	13.6g
脂質	2g
炭水化物	0.1g
無機質　カルシウム	150mg
ビタミンE（トコフェロールα）	1.8mg
葉酸	58μg

水分が多く、たんぱく質も脂質も少ないが、丸ごと食べられるのでカルシウム補給に最適。

お國自慢

茨城「白魚煮干し」

霞ヶ浦産のシラウオを煮干しにしたもので、お吸いものや酢のもの、茶碗蒸し、天ぷらなどに使えるヘルシー食材。加熱するときれいな白色になる。

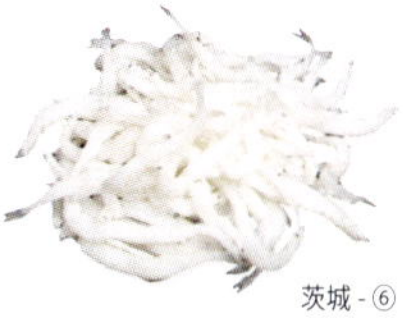
茨城 - ⑥

しろうお

素魚

Ice goby

呼び名：イサザ（北陸）
ヒウオ（茨城、徳島）
シラウオ（関西、広島）

標準和名：シロウオ
科：ハゼ科
生息域：淡水、汽水域の流れのおだやかな沿岸に生息。日本各地に分布。
語源：光を素通ししてしまうほど透明なため。

シラウオよりひと回り小さい春の川魚

シロウオはハゼ科の春魚。体長5cmほどで、外見がよく似たシラウオよりもひと回り小さく、体は茶を帯びた透明です。踊り食い、卵とじ、酢のものなどにすると、とてもおいしくいただけます。

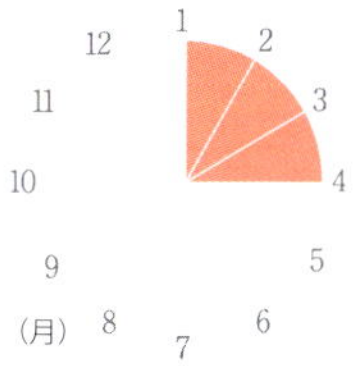

山口 - ⑧

お國自慢

山口「シロウオの踊り食い」

死ぬと同時に鮮度が落ちるシロウオは踊り食いがいちばん。たいへん繊細な魚なので、市場では酸素入りのビニールに入った状態で出回る。漁が行われる地域では、早春の風物詩として人気料理になっている。

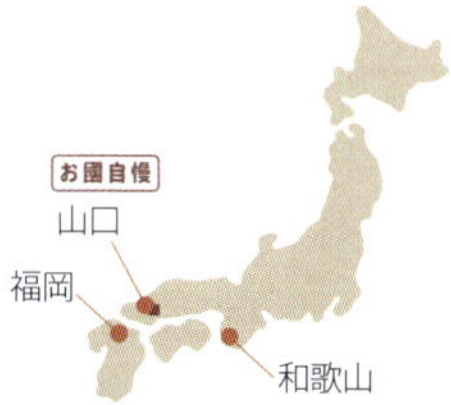

たら

鱈

Pacific cod

別名：本ダラ

地方名：スイボウ（石川）ポンタラ、ポンダラ（北海道）

標準和名：マダラ（真鱈）

科：タラ科

生息域：マダラは日本では北海道周辺、日本海側は島根、太平洋側は茨城まで生息。

語源：皮の斑（まだら）模様の「マダラ」から「マ」が抜け、その名になった説が有力。「マダラ」を「真ダラ」と誤解され、総称が「タラ」となったといわれる。漢字に入る「雪」は腹が真っ白なことや、初雪のころに獲れはじめることからなどの説がある。

鍋に欠かせない うまみのある定番白身魚

漢字で魚偏に雪と書くように、寒い季節に味がよくなる魚です。世界中で食べられていて、大きいものは1m以上になります。淡白な味わいが魅力で、ちり鍋によく使われます。精巣は「白子」と呼ばれ、スケトウダラの卵巣は「たらこ」としても有名です。

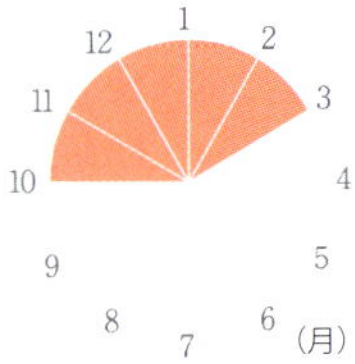

真《マ》鱈《ダラ》

切り身で売られているのはこのマダラが多い。

介党鱈《スケトウダラ》

身はかまぼこなどの練り製品の原料になることが多い。

鱈子

マダラの卵巣は大きくて黒い。小さいスケトウダラのものが明太子などの加工品の原料となる。

白子

魚の精巣の総称で、タラではおもにマダラのものが流通。新鮮な国産ものは生で食したい。

お國自慢

京都「棒ダラ煮」

マダラの干物「棒ダラ」を水で戻し、濃いめの味つけで炊きあげたおばんざい。京都のおせち料理には欠かせない。

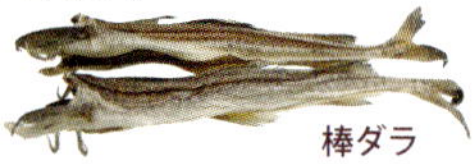

棒ダラ

京都 - ①

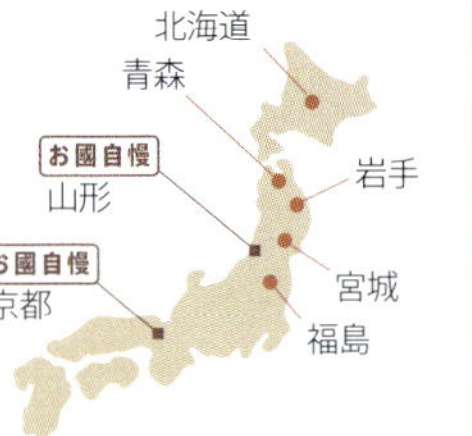

山形 - ⑤

お國自慢

山形「どんがら汁」

庄内地方では、もっとも寒い時季に獲れる寒ダラをあますところなく使ってつくるみそ仕立ての汁を、「どんがら汁」と呼ぶ。タラのおいしさを丸ごと味わえる、日本海の冬に欠かせない郷土料理。山形県内では冬になるとあちこちで寒ダラを食するイベントが行われ、人気。

おいしい栄養

脂肪分が非常に少なく低カロリーなので、ダイエット食材としては最適。また消化、吸収がよいので、体調の優れないときの食事にも向いている。ほかにも肝機能を改善するグルタチオン、心臓の働きをよくするタウリンを含む。

食品成分表

（まだら・可食部100gあたり）

エネルギー	77kcal
水分	80.9g
たんぱく質	17.6g
脂質	0.2g
炭水化物	0.1g
無機質　カリウム	350mg
ビタミンD	1μg
ビタミンE（トコフェロールα）	0.8mg

めじな

目近魚

Greenfish

地方名：クシロ（静岡）
クロ（九州）、グレ（関西）
アオイオ（富山）

標準和名：メジナ（眼仁奈、目品）
科：メジナ科
生息域：新潟、房総半島以南から鹿児島、朝鮮半島南岸などに分布。
語源：漢字で目近魚と書くとおり、目が口に近いことから。

冬場のメジナは脂がのって臭みが消える

磯釣りの代表的な魚で、夏場は臭みがありますが、旬の冬には消えます。脂がのった身はやわらかく風味があり、刺身、煮つけ、唐揚げなどさまざまな料理に向いています。

食品成分表（可食部100gあたり）

エネルギー		125kcal
水分		74.7g
たんぱく質		19.4g
脂質		4.5g
炭水化物		0.1g
無機質	カリウム	380mg
ビタミンD		1μg
ビタミンE（トコフェロールα）		0.8mg

ＥＰＡ、カリウム、リン、鉄分のほか、味覚を正常に保つのに欠かせない亜鉛を多く含む。

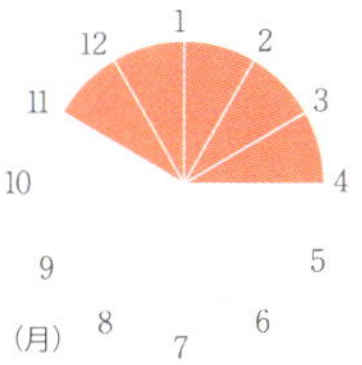

呼び名がいっぱい

釣りファンが多いため「グレ」「ツカヤ」「勘三郎」「テンテゴ」「ヒコヤ」「コベタ」など各地でさまざまな呼び名で親しまれている。

めだい

目鯛

Japanese butterfish

地方名：ダルマ、メナ（高知）
別名：アゴナシ

標準和名：メダイ
科：イボダイ科
生息域：北海道以南各地に生息。
語源：見た目どおり目が大きいことが名の由来。身の白さと肉質が似ていることから、名にタイがついたと考えられる。

値段が安いわりにおいしいのが魅力

最近、スーパーなどで切り身のパックで売られることも増えたメダイ。値段のわりにクセもなく、うまみがあるので鍋ものや煮つけなどいろいろな料理に活用できる魚です。

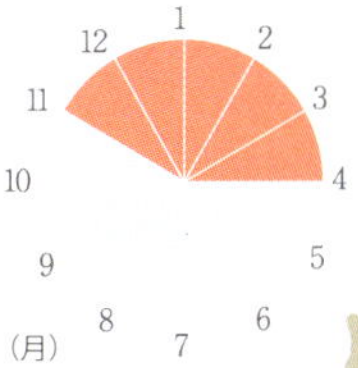

生活習慣病に

血栓をつくりにくくし、コレステロール値を低下させる効果があるとされる不飽和脂肪酸が豊富。

ひらめ

鮃

Japanese flounder

別名：オオグチガレイ、ソゲ、ヒダリガレイ

標準和名：ヒラメ（平目、平魚）
科：ヒラメ科
生息域：千島列島から南シナ海の砂泥底に生息。
語源：平たい体に目が二つ並んでいることから「平目」となった説が有力。また、古語では平らな様子を「ひらめ」ということから、そのままに名になった説などもある。

古くから日本人に好まれている魚

カレイと似ていますが、旬は正反対。とくに1月から2月の「寒ビラメ」は脂がのり、淡白かつ、きめの細かい身で古くから高級魚とされています。身は刺身やフライにされ、ひれのつけ根にある「縁側」は刺身や寿司ネタとして珍重されます。

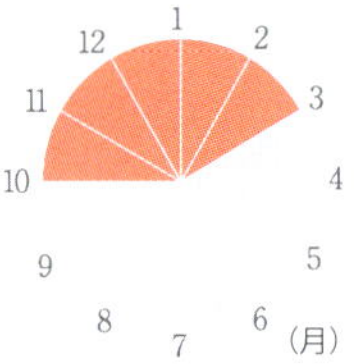

裏側の白い皮がきれいなもの

腹がふくれているものは腐りやすい

雁瘡鮃《ガンゾウビラメ》

煮つけや唐揚げなどに。体長40～50㎝とヒラメよりは小型の種。瀬戸内では天日で干したものを戻して甘煮にする。

脂が浮いておらず、身が締まって見えるもの

天然ものは透明感があり、養殖ものは白っぽい

養殖ものも美味

市場では、活魚として流通する場合も多く、養殖ものは脂がのっていると人気もある。養殖魚は、エサの質によって身の味が変わる。透明感のあるプリプリの身は、良質なたんぱく質が豊富な証拠。

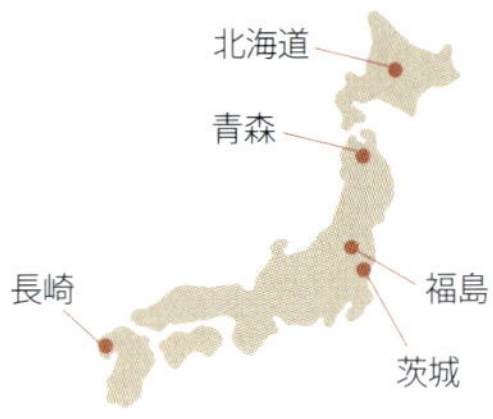

レシピ

タルタルホイル焼き

薄くサラダ油を塗ったアルミホイルに、食べやすい大きさに切ったヒラメの切り身と、好みの野菜をのせ、タルタルソースをかける。アルミホイルを閉じ、グリルで8分ほど蒸し焼きにする。ホイルを開き、さらに5分ほど焼く。タルタルソースは市販のものでもよいが、手づくりだとなおおいしい。

おいしい栄養

高たんぱく、低脂肪のヘルシーな魚。脂肪が少ないのに味がよいのは、たんぱく質のアミノ酸バランスがよく、うまみ成分を多く含むため。ミネラルやビタミンもバランスよく含んでいる。また、縁側は肌に潤いや弾力性を与えるコラーゲンが豊富。

食品成分表（可食部100gあたり）

エネルギー	103kcal
水分	76.8g
たんぱく質	20g
脂質	2g
炭水化物	微量
ビタミン B_6	0.33mg
ビタミンD	3μg
ビタミンE（トコフェロールα）	0.6mg

ふぐ

河豚

Globefish

地方名：シロ（大阪、神戸）
マフグ（山口、福岡）
テッポウ（大阪）、フク（山口）

標準和名：トラフグ（虎河豚）
科：フグ科
生息域：種によって異なるが、日本各地の水深 200m 以浅に生息。
語源：海底から吹き出るゴカイ類を捕食する性質があることから「吹く」という説や、古来「袋」「ふくらむ」「ふくよか」などふくらむものの多くに「ふく」という音が使われ、フグもふくらむのでそのまま名前になったなどの説がある。

強力な毒で知られる高級魚

毒をもつ魚として有名ですが、天然ものが少なく、なかでもトラフグは高級魚として取り引きされています。魅力はなんといっても強いうまみ。身は刺身やちり鍋、コラーゲンの多い皮は煮こごり、ひれはひれ酒にされます。

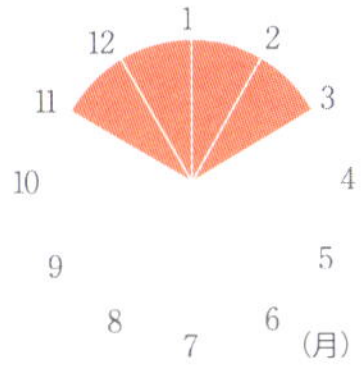

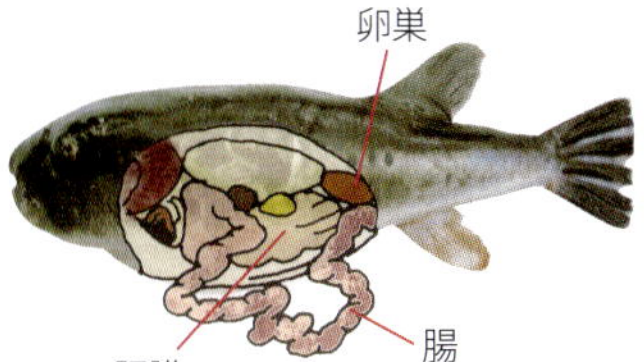

地方での呼び名

山口県下関では「フク」。関西では毒にあたるとすぐに死ぬということからフグを「テッポウ」と呼び、刺身を「テッサ」、ちり鍋を「テッチリ」と呼ぶ。

フグの毒

近年では無毒の養殖ものもあるが、フグ調理免許をもつ人以外の調理は厳禁。国でも厳しい規制を設け、食中毒の防止に努めている。

長崎 - ②

お國自慢

長崎「かっとっぽ」

ハコフグの身を残し、みそや長ねぎとともにしっかり焼きあげた上五島に伝わる郷土料理。酒の肴に最高。

お國自慢

山口「ふくの日祈願祭」

「ふく」の語呂に合わせて 2 月 9 日は「ふくの日」と制定されており、下関では恵比須神社に豊漁と航海安全を祈願し、福祉施設にふく刺しをプレゼントしている。

山口 - ②

おいしい栄養

高たんぱく、低カロリーで脂質も少なく消化されやすい。身はうまみ成分のイノシン酸が多いので豊かな味わいが楽しめ、皮はコラーゲンを豊富に含んでいるため、美容にいいとされている。ビタミンでは、カルシウムの吸収を促すビタミン D や疲労予防に効果があるとされるビタミン E を含んでいる。

食品成分表
（トラフグ / 養殖・可食部100g あたり）

エネルギー	85kcal
水分	78.9g
たんぱく質	19.3g
脂質	0.3g
炭水化物	0.2g
ビタミン B_6	0.45mg
ビタミン D	4μg
ビタミン E（トコフェロール α）	0.8mg

ぶり

Japanese amberjack

鰤

地方名：ヤズ（中国、九州地方）
ハマチ、ツバス（四国地方）
マル（長崎）、スベリ（鳥取）

標準和名：ブリ
科：アジ科
生息域：北海道以南から九州、東シナ海、朝鮮半島東島に分布。やや沖合の中・底層に生息。
語源：中国では「老魚」といい、それを日本で「年を経た魚」といい表した「経魚（フリウオ）」が転じ「ブリ」となった説が有力。ほかにも脂肪が多いことから「あぶら」→「ぶら」→「ぶり」となった説などがある。

「寒ブリ」が有名な出世魚の代表格

ブリは成長によって名前が変わる出世魚として有名です。さらに、春の産卵に備えて太り、身の締まった冬の「寒ブリ」は格別においしいとされています。刺身、照り焼き、煮つけ、しゃぶしゃぶなど、多彩な料理に使える人気魚です。

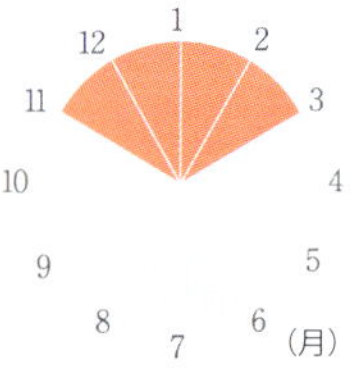

天然もののほうが色が濃い
鮮度が落ちると血合が黒ずんでくるので、赤が鮮やかなもの

腹にハリがある

お國自慢

京都 - ③

京都「ブリしゃぶ」

冬の味覚「寒ブリ」を薄くそぎ、沸騰したこんぶだしにサッとくぐらせてポン酢でいただく丹後の名物料理。ほどよく脂が落ち、あっさりとしたおいしさは絶品。

ハマチ
関西では 40 ～ 60cmのブリをハマチと呼ぶ。また、大きさの大小にかかわらず養殖もの全般をハマチと呼ぶ場合もある。

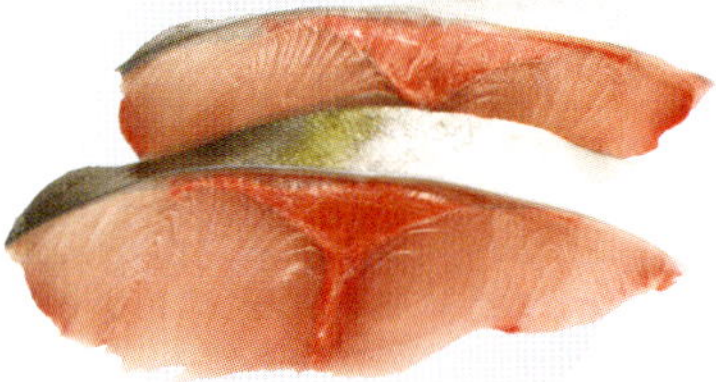

ツバス
10 ～ 30cmの小さい時期のもの。おもに関西での呼び名で、関東ではこの時期のものをワカナゴと呼ぶことが多い。

お國自慢 香川「ハマチのみぞれたたき」

ハマチをたたきにし、大根おろしをのせてポン酢をかけてつくる簡単料理。昨今、人気の高い「オリーブハマチ」（P59 参照）でつくれば、さっぱりとした味わいが楽しめ、刺身が苦手な人でも食べられると地元で好評。

香川 - ①

おいしい栄養

たんぱく質、脂質、ビタミン、ミネラルをバランスよく含み、生活習慣病、記憶力低下を防ぐ効果のある DHA や EPA も豊富。また、血合部分には貧血防止に有効な鉄や、肝機能を強化するタウリンが多く含まれている。

食品成分表（可食部100gあたり）

エネルギー	257kcal
水分	59.6g
たんぱく質	21.4g
脂質	17.6g
炭水化物	0.3g
ビタミン A（レチノール当量）	50μg
ビタミン D	8μg
ビタミン E（トコフェロールα）	2mg

むつ

鯥

Japanese bluefish

地方名：カッチャム（佐賀）ロク（宮城）、カラス（富山）オキムツ（和歌山）

標準和名：ムツ
科：ムツ科
生息域：北海道以南、鳥島、東シナ海に分布。成長とともに生息域が変わる。
語源：脂を多く含む肉質から「むつっこい」「むつこい」「むつい」など脂っぽいという意味の言葉が転じてムツとなったとの説が有力。

旬の冬以外でも一年中おいしく食べられる

丸くて大きな目と犬歯が特徴の魚で、一年中店頭に並んでいますが、旬は冬。脂ののった身は新鮮なら刺身がおすすめです。それ以外では煮つけや照り焼きにして、よく食べられています。

食品成分表（可食部100gあたり）

エネルギー	189kcal
水分	69.7g
たんぱく質	16.7g
脂質	12.6g
炭水化物	微量
無機質　カリウム	390mg
ビタミンD	4μg
ビタミンE（トコフェロールα）	0.9mg

血流をよくし、血栓の形成を抑えるEPAや、血圧のバランスを調整するカリウムが豊富。

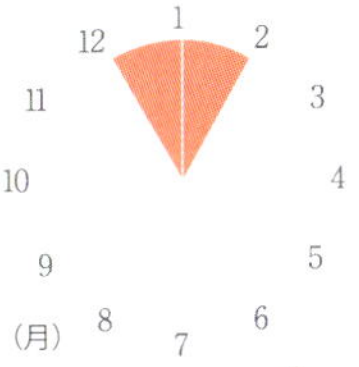

銀ムツって？

以前見かけた「銀ムツ」と呼ばれていたものは、じつはムツの仲間ではない。消費者が間違いやすいとのことから、2003年以降「メロ」などと表記されることに。

わかさぎ

公魚

Pond smelt

地方名：アマサギ（山陰地方）コワカ（茨城、群馬）メソグリ（北陸）

標準和名：ワカサギ（若細魚、若鷺）
科：キュウリウオ科
生息域：北海道から東京・島根以北までの汽水、湖沼に生息。
語源：「ワカ」は体が細長く、弱々しいことを意味した「若（ワカ）」が由来との説が有力。「サギ」は鳥のサギに似ていることやサギのエサになっていたことから。漢字で公魚と書くのは江戸時代、常陸国の麻生藩が幕府に献上していたことから。

海水から淡水の湖に引っ越した魚

以前は北方系の海水魚でしたが、淡水域でも生きられるとわかり、湖などに移されました。丸ごと食べられ、淡白な味が好評な魚。とくに産卵期の子持ちは、格別においしいと人気です。

食品成分表（可食部100gあたり）

エネルギー	77kcal
水分	81.8g
たんぱく質	14.4g
脂質	1.7g
炭水化物	0.1g
無機質　カルシウム	450mg
鉄	0.9mg
ビタミンB_{12}	7.9μg
ビタミンD	2μg

骨ごと食べられるのでカルシウムを補うのに最適。さらに低カロリーで鉄分も豊富。

生炊きわかさぎ
茨城 - ⑥

飴煮
茨城 - ⑥

お國自慢　茨城「佃煮」

産地である茨城県霞ヶ浦では、さまざまな加工品がつくられている。とくに飴煮や甘露煮をはじめとした佃煮は、100年以上前から地元の味として親しまれてきた。

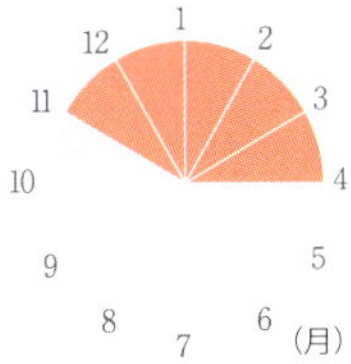

かに

地方名：ヨシガニ（山形）
エチゼンガニ（越前、北陸）

頭矮蟹

Queen crab,
Snow crab

標準和名：ズワイガニ
科：クモガニ科
生息域：ズワイガニは日本海、銚子沖から北海道、ベーリング海、アラスカ、北アメリカ西岸に分布。
語源：ズワイガニ…脚が細くまっすぐ伸びていることから細く真っすぐな小枝を意味する「すわえ（楚）」が変化して「ズワイ」となった。タラバガニ…タラの漁場で多く獲れることから「たらば（鱈場）」とついた。

日本人に愛される冬の高級品

カニは、国内だけでも800種ほどが生息しています。代表的なタラバガニやズワイガニ、ケガニの旬は冬ですが、ガザミのように秋から冬のものもあります。傷みやすいため、生きているものはとくに高値で、一般にはゆでたものや、冷凍されたものが出回っています。

頭矮蟹《ズワイガニ》

松葉ガニ、越前ガニとも呼ばれる。メスはセイコなどと呼ばれ、オスは脚肉、メスは甲羅の身肉がとくにおいしい。

毛蟹《ケガニ》

全身が短い毛で覆われ、身は少ないがミソがおいしい。価格もズワイガニやタラバガニほど高くない、お買い得なカニ。

石川 - ③

石川「加能ガニ・香箱ガニ」

石川で水揚げされるズワイガニは「加能ガニ」と呼ばれ、身がぎっしりと詰まり、極上のうまみがある。また、オスより小ぶりで子をもったメスは「香箱ガニ」と呼ばれ、外子と内子と呼ばれる卵部分は絶品。漁期が短いため貴重。

鱈場蟹《タラバガニ》

じつはカニではなく、ヤドカリの仲間。身がぎっしりと詰まっていて濃厚なうまみがある。

おいしい栄養

カニは低カロリー、低脂肪、低コレステロールの食材。さらに、味覚障害の予防になる亜鉛、骨を丈夫にするカルシウム、貧血予防に効果のある鉄などのミネラルを多く含んでいる。また、血圧やコレステロール値の低下や、高血圧予防に効果のあるタウリンも豊富。

食品成分表
（ズワイガニ・可食部100gあたり）

エネルギー		63kcal
水分		84g
たんぱく質		13.9g
脂質		0.4g
炭水化物		0.1g
無機質	亜鉛	2.6mg
	鉄	0.5mg
ビタミン B_2		0.6mg

ガザミ

ワタリガニと呼ばれることが多い。一般的なカニは寒い海に生息しているが、ガザミは暖かい海で獲れ、旬は秋～冬。

お國自慢 佐賀「竹崎カニ」

ワタリガニの一種。体長30cmほどまで育ち、オスは夏、メスは冬がおいしい。ほんのりと甘みがあり、塩ゆでやみそ汁、雑炊に入れるなど食べ方はいろいろ。

佐賀 - ②

花咲蟹《ハナサキガニ》

北海道の花咲半島（根室半島）近海に多く生息していたため、この名がついた。風味豊かで、内子と呼ばれる卵が美味。

お國自慢

越前ガニ（P42）　福井 - ①

福井「三国温泉カニまつり」

カニ漁解禁後の毎年11月に開催され、越前ガニをはじめとする福井県特産の魚介類、野菜類が販売される。同時にガサエビ鍋の無料配布や、買いものをすると越前ガニが当たる抽選会が行われる。

お國自慢 大阪「カニすき」

流通技術の進歩によって大阪人に愛されるようになったカニすき。年間を通して味わう人も少なくないほど人気の鍋で、ズワイガニをごく薄味のだしで煮て食べる。締めの雑炊は絶品。

お國自慢

島根「カニラーメン」

境港特産のベニズワイガニと米子市特産の白ねぎを使った島根の新名物。ダイナミックに入れられたカニとうまみのある白ねぎは、カニみそ入りスープと相性バツグン。

島根 - ①

のり

Nori

海苔

標準和名：スサビノリ
科：ウシケノリ科
生息域：スサビノリは北海道西南部、宮城以北の太平洋側の各地沿岸の岩などに生息。ヒトエグサは西日本各地の湾、河口域の岩などに生息。
語源：ネバネバヌルヌルしていることから「ぬる」が転じて「のり」となった。ほかに煮ると「糊」のようになったことから、との説も。

おにぎりや手巻き寿司に欠かせない

日本には約 30 種類ほどの食べられるノリがありますが、おにぎりや手巻き寿司に使われる乾燥した干しノリはほぼ養殖のアマノリです。収穫は冬で、摘んだだけの生ノリは天ぷらや佃煮にしてよく食べられます。

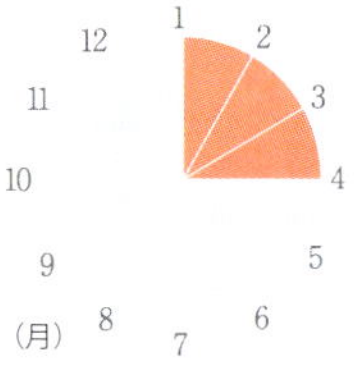

青ノリ

一重草《ヒトエグサ》

焼きそばなどにふりかける青ノリや、佃煮などの原料になっている種。

板ノリ

荒《スサ》び海苔《ノリ》（アマノリ）

おにぎりや巻き寿司に用いられる板ノリは、これをすいて干し、乾燥させたもの。

お國自慢 高知「四万十川の青のり」

高知 - ①

四万十川河口付近で獲れる青のりは、独特の風味とうまみをもちあわせる。どんな料理にも合うため、全国の料亭で多く使われている。

佐賀 - ②

お國自慢 佐賀「有明のり」

有明海の豊かな自然と養殖漁家の徹底管理のもとで育てられ、生産量、販売額ともに日本一。色つや、香りがよく、とろけるような食感が特徴。

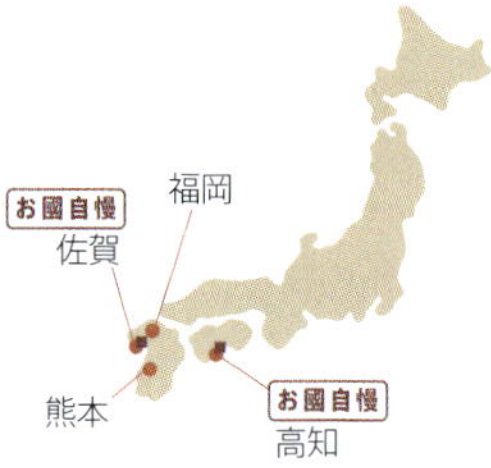

レシピ

お手軽ノリチーズトースト

食パンにスライスチーズをのせオーブントースターで焼く。チーズがとけたらノリをのせる。チーズとノリの風味が意外にもマッチした一品。お好みでしょうゆを数滴たらしても。

おいしい栄養

ビタミン、ミネラルが凝縮されている栄養食品。とくに皮膚や粘膜を健康に保つカロテンが豊富。そのほかに骨や歯を形成し、神経の興奮を鎮め、働きを支えるカルシウムやマグネシウムも多く含まれる。

食品成分表
（アマノリ / ほしのり・可食部100gあたり）

エネルギー		173kcal
水分		8.4g
たんぱく質		39.4g
脂質		3.7g
炭水化物		38.7g
無機質	カリウム	3100mg
	マグネシウム	340mg
	鉄	10.7mg
ビタミンA（レチノール当量）		3600μg
葉酸		1200μg

わかめ

Wakame seaweed

若布

別名：メノハ、ニキメ

標準和名：ワカメ
科：チガイソ科
生息域：和歌山から鹿児島の太平洋沿岸を除く日本各地に分布。ほぼ養殖。北方系は切れ込みが深く、南方系は切れ込みが浅い。
語源：若い時期のものがおいしいことからの「わか（若）」や、形状が羽根状に分かれていることからの「わか（分）」と、海藻を総じた呼び名「め（海布）」もあわせて「ワカメ」と呼ばれるようになった。

定番のみそ汁といえばコレ！

日本の食卓で親しまれているワカメは産地が広く、潮の流れが激しいところほど良質のものが獲れます。成長すると2ｍほどにもなる巨大な海藻は、生のままでは日持ちしないので、流通の主流は乾燥や塩蔵したものです。

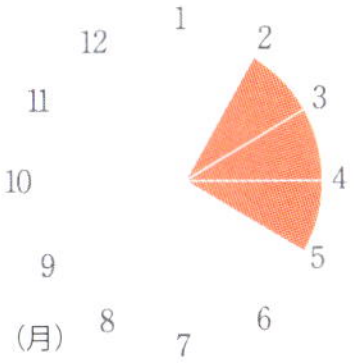

メカブ

根の部分で、ぬめりが強く歯ごたえがよいため、酢のものなどにされている。

韓国の習慣

食用とするのは、韓国と日本だけ。韓国では、日本より多くワカメを食し、誕生日にはスープにして飲む習慣がある。日本でも歴史は古く、古事記や万葉集にも記録が残っている。

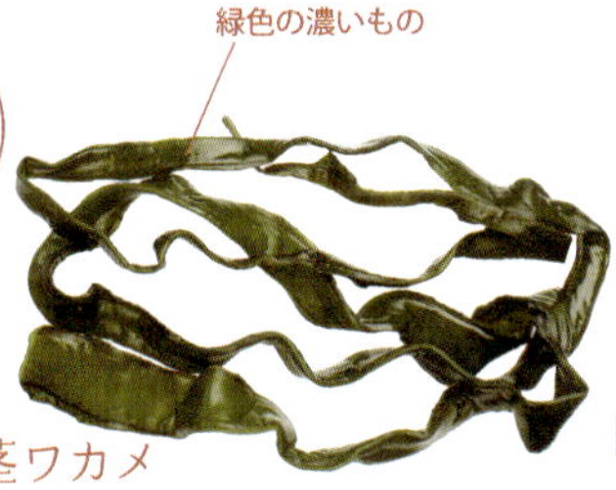

茎ワカメ

ワカメの葉の芯の部分。加工され、おつまみなどにされることが多い。

徳島「灰干しワカメ」

徳島県鳴門市などで生産されている。ススキやワラなどの草木灰をまぶし天日干ししたもので、灰がついたまま製品となる。鮮やかな緑色や歯ごたえ、風味を常温で一年以上保てる。近年、生産量が激減し、各地で生産維持の努力を続けている。

おいしい栄養

低カロリーで、便秘を解消する食物繊維や骨や歯を丈夫にするカルシウムが豊富。またぬめり成分であるアルギン酸カルシウムやフコイダンは、がん発生の予防が期待される。さらに、抵抗力を養うヨードなども含む。

食品成分表
（湯通し塩蔵ワカメ / 塩抜き・可食部100gあたり）

エネルギー		11kcal
水分		93.3g
たんぱく質		1.7g
脂質		0.4g
炭水化物		3.1g
無機質	カリウム	12mg
	カルシウム	42mg
	マグネシウム	19mg
	鉄	0.5mg
ビタミンA（レチノール当量）		21μg

魚卵

「保存」という目的から生まれた珍味の数々

魚卵といえば、いくら、たらこ、数の子など多々あります。これらは、「魚卵塩蔵品」と呼ばれ、保存を目的につくられたものです。しかしながら、そのおいしさゆえ人々を魅了し、冷凍、保存技術が進歩した現在も人気があります。ただし塩蔵品なので、食べすぎには注意しましょう。

いくら

成熟したサケやマスの卵巣をバラバラにして塩蔵したもの。未熟な卵巣を卵のう（袋）がついたまま塩蔵したものがすじこ。カルシウム、ビタミンDを含む。

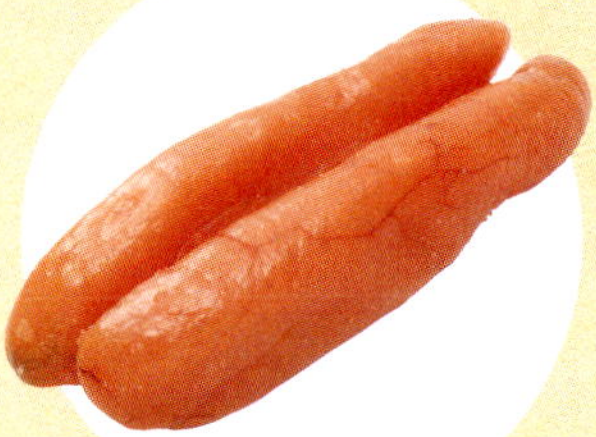

たらこ

スケトウダラの卵巣を塩蔵したもの。最近では見栄えをよくするために合成着色料を使用したものもある。ビタミンB2・E、亜鉛を含む。

数の子

ニシンの卵巣を塩蔵、または乾燥させた加工品。子孫繁栄を願ったおせち料理の一品としてもおなじみ。ほかの魚卵より低カロリーで、ビタミンEなどが豊富。

キャビア

チョウザメの卵を塩漬けにし、容器に詰めて熟成させたもの。世界三大珍味のひとつとされる。たんぱく質のほか、カルシウム、亜鉛などを多く含む。

からすみ

ボラの卵巣を一度塩漬けしてから塩抜きし、乾燥させたもの。日本では高級品だが、イタリアでは一般的に使われる。高カロリーで、ビタミンA・Dを多く含む。

とびこ

トビウオの卵を塩蔵し、着色したもの。プチプチとした歯ごたえがあり、寿司ネタやサラダなどに使われる。

秋田-⑦

秋田「だだみ鍋」

秋田弁でタラの白子のことを「だだみ」と呼び、これをメインに野菜を入れ、秋田名物のしょっつるで薄く味つけをした鍋をだだみ鍋という。口の中でとろけるような「だだみ」の食感は、一度食べたらやみつきに。

春を味わう

―季節と地域の魅力を知ろう―

かつお

鰹

Striped tuna

地方名：ホンガツオ（関東）
スジガツオ（関西）
マンダラ（北海道、北陸）

標準和名：カツオ（堅魚、堅木魚、松魚）
科：サバ科
生息域：世界中の温帯、熱帯海域に分布。日本近海でも見られるが、日本海にはほとんどいない。
語源：古くは生で食べられておらず、かたく干したものが流通していたため、かたい魚＝「カタウオ」が転じて「カツオ」となった。

春と秋に旬を迎える人気の魚

季節回遊の魚で、春から初夏にかけて獲れる「初ガツオ」と秋に獲れる「戻りガツオ」があります。「初ガツオ」は季節ものとして珍重され、また、「戻りガツオ」は脂肪ののりがいいことで人気。どちらも刺身やたたきにして食べられます。

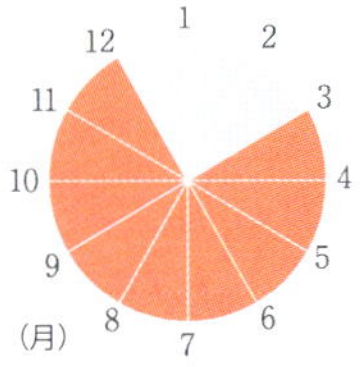

体表が青っぽいもの

大きいものほど美味とされる

表面が乾いておらず、ツヤがある

透明感のあるピンクがかった赤色

切り口が玉虫色に光るものは鮮度が落ちている場合がある

薬味の効果

カツオのたたきの薬味であるしょうがは単においしいだけでなく、ビタミンB_1の働きを高める効果がある。さらに殺菌効果と食欲増進効果も兼ね備えている。

お國自慢

静岡「カツオの加工品」

カツオ水揚げ量の多い焼津では、カツオの胃と腸を熟成させた酒盗や、ヘソ（心臓）をみそ煮にした珍味など、さまざまな加工品がつくられており、土産ものとしても人気が高い。

静岡 - ⑥　酒盗

静岡 - ⑥　へそみそ煮

レシピ

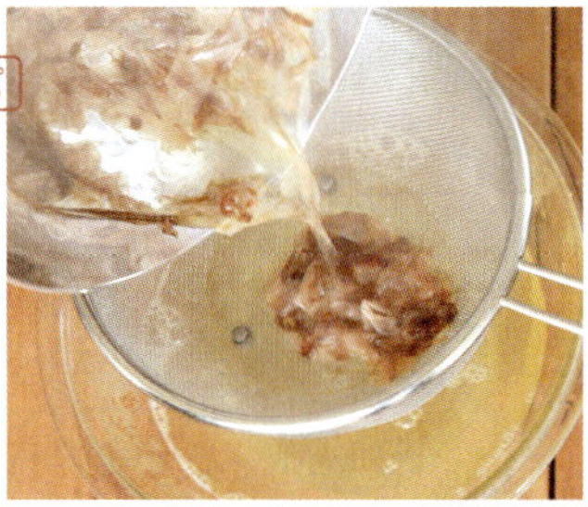

基本のカツオだし

基本の割合は水1ℓに削り節約40g。湯が煮立つ前にかつお節を一度に投入し、ひと煮立ちしたら火から下ろしてザルでこす。

おいしい栄養

たんぱく質はマグロの赤身に次いで多く、貧血を予防する鉄、銅も豊富。また血行をよくし、二日酔いや皮膚炎の予防にも効果があるとされるナイアシンの含有量も多い。ほかにも、骨の強化に必要なビタミンD、疲労回復を促すビタミンB_1なども多く含む。

食品成分表
（春獲り・可食部100gあたり）

エネルギー		114kcal
水分		72.2g
たんぱく質		25.8g
脂質		0.5g
炭水化物		0.1g
無機質	鉄	1.9mg
	銅	0.11mg
ビタミンD		4.0μg
ビタミンB_1		0.13mg
ビタミン	ナイアシン	19.0mg

かつお節ができるまで

煮熟《しゃじゅく》
カツオの身を熱湯でゆでる。

焙乾《ばいかん》
煮熟した身をせいろに並べていぶし、加熱・乾燥をくり返す。

「荒節《あらぶし》」
風味がよくクセもないので、この段階のものを好む人も多い。市販の「削り節」の大半は、これでつくる。培乾の具合により、魚の風味が強いものもある。

「花鰹（鰹削り節）」
荒節の削り節。風味がよくクセがない。食感はややかため。

「裸節《はだかぶし》」
荒節を天日に干し成形したもの。

「枯れ節、本枯れ節」
裸節をカビづけ箱に入れ、カビをつけてさらに天日で干す。これを2～3回くり返したものが「枯れ節」、3～4回くり返したものが「本枯れ節」。

「本花鰹（鰹節削り節）」
本枯れ節の削り節のこと。フワリと溶けるような食感で風味もいい。料亭などで使われる高級品で、上品な椀もののだしに向く。

削り節あれこれ

かつお節厚削り
本枯れ節を厚く削ったもの。濃厚でキレのあるだしがとれる。そばつゆや煮ものに向く。

宗田《そうだ》削り節
別名めじか節とも呼ばれ、ソウダガツオが原料の厚削り節。濃厚なだしがとれる。

鯖《さば》削り節
サバのなかでも脂の少ないゴマサバが用いられる。濃厚なコクが特徴。

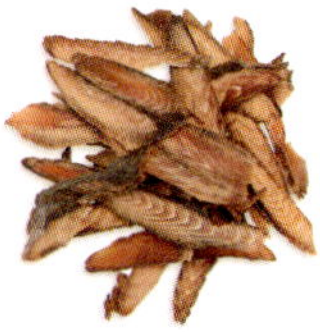

鰯《いわし》削り節
イワシの煮干しからつくられる。ご飯にかけたり、おつまみにしたりと、そのまま食されることが多い。

高知「わら焼きタタキ」

ていねいにさばいたカツオをわらの火で一気に焼きあげる土佐流たたき。カツオの生臭さが抜け、独特の風味が味わえる。最近ではわら焼き体験が観光客の人気を集めている。

お國自慢

高知 - ①

お國自慢

徳島「カツオ茶漬け」

ヅケにした刺身をご飯にのせ、熱い番茶やだし汁をかけて食べる地元の漁師料理。仕上げにピリッとわさびを効かせて。

お國自慢

静岡「がわ料理」

船上で火を使わずにつくる栄養満点の漁師めし。新鮮なカツオ、アジなどの魚をたたき、梅干し、しょうが、ねぎ、大葉とともに氷水に入れ、みそを溶いて加える。御前崎の郷土料理。

静岡 - ⑦

お國自慢

鹿児島「枕崎のカツオ」

カツオ漁業が栄え、かつお節生産量日本一を誇る鹿児島の枕崎。伝統的な一本釣りで漁獲されて生きたまま船で急速に冷凍された「B1かつお」と、船上で血抜きして活け締めする「ぶえん鰹」は、枕崎で注目を集めている鮮度にこだわった最先端の冷凍カツオである。

鹿児島 - ③

さより 針魚

Halfbeak

地方名：クチナガ（岩手）、カンヌキ（東京）、セロ（千葉）

別名：エンピツ（小型魚）

標準和名：サヨリ（細魚）

科：サヨリ科

生息域：北海道南部以南から琉球列島・小笠原諸島を除く日本各地に分布。

語源：多く集まるという意味の「さわより（沢寄り）」が語源。また「狭長なる」という意味の「さ」と、古名の「よりと」の「と」を略して足し、「さより」になったとする説もある。

鋭い下アゴが特徴的な高級白身魚

細長い体形で、下アゴが針のように長く突き出ています。敵に追われると水上にジャンプし、その跳躍力は数メートルにも及ぶほど。さっぱりとしたクセのない味わいで、旬の早春にはさらに味がよくなります。

食品成分表（可食部100gあたり）

エネルギー	95kcal
水分	77.9g
たんぱく質	19.6g
脂質	1.3g
炭水化物	微量
無機質　鉄	0.3mg
亜鉛	1.9mg
ビタミンD	3μg
ビタミンE（トコフェロールα）	0.9mg

たんぱく質、カロリー、脂肪分が少なく、亜鉛や鉄などのミネラルが豊富。

下アゴが折れていても味に影響はない
輸入ものは大ぶり、国産ものは小ぶり
腹が赤く変色していない

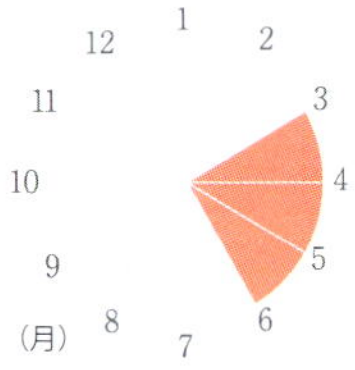

さばくのが難しい

体が細長くさばきにくいので、店でおろしてもらうか、刺身用を購入したほうがよい。

さわら 鰆

Japanese spanish mackerel

地方名：サゴチ（若魚・東京）、サゴシ（若魚・関西）、ヤナギ（若魚・兵庫）

標準和名：サワラ（狭腹、小腹、馬鮫魚）

科：サバ科

生息域：北海道南部から東シナ海。沿岸の表層に生息。

語源：その細長い体形から腹の狭い魚「さ（狭）」「はら（腹）」が語源とされている。魚偏に春と書くのは、瀬戸内海や関西で春にもっとも獲れていたため。

西京焼きがとくに有名な大型魚

出世魚のサワラは、大きくなると1ｍ以上にもなります。暖流を回遊して春になると多く漁獲されます。身はやわらかく、西京みそにつけ込むことで身を締め味をつけてから焼く西京焼きは、定番料理です。

斑点のはっきりしているものが新鮮

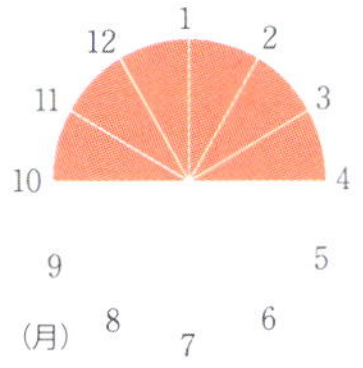

寒サワラ

駿河湾で獲れる冬の「寒サワラ」は脂がのっていて美味。春よりこちらのほうがおいしいとする地域もある。

食品成分表（可食部100gあたり）

エネルギー	177kcal
水分	68.6g
たんぱく質	20.1g
脂質	9.7g
炭水化物	0.1g
無機質　カリウム	490mg
ビタミンD	7μg
ビタミンE（トコフェロールα）	0.3mg

生活習慣病を予防する働きがあるDHAや、血圧を下げるカリウムが多い。

たい

鯛

Red sea-bream

地方名：ホンダイ（関西）
チャリコ（幼魚・和歌山）
カスゴ（幼魚・千葉）

標準和名：マダイ（真鯛）
科：タイ科
生息域：マダイは琉球列島を除く日本周辺、朝鮮半島から南シナ海に分布。岩礁地帯の海底に生息。
語源：体が側扁していることから「平魚（たいらうお）」「たいら（平）」となったとの説が有力。

日本人が大好きな縁起のいい魚の王様

姿、色、味わい、また「めでたい」の語呂に通じることから日本人の祝い事には欠かせない、魚の王様的存在です。日本でよく食べられるタイは６種類ほどですが、一般的にタイといえばマダイをさします。焼く、煮る、蒸す、どんな調理法でもおいしくいただけます。

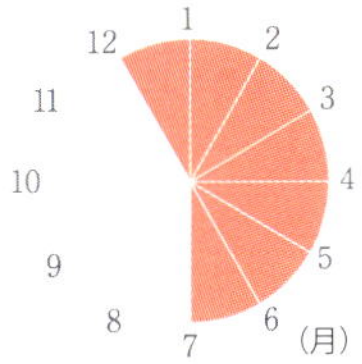

養殖ものは色が全体に黒っぽく、肥満ぎみ。身は天然ものに比べ脂がのって白っぽい。

レシピ 鯛しゃぶ

脂ののったタイをだし汁にサッとくぐらせる鯛しゃぶは、刺身とはまたひと味違ったおいしさを楽しめる。家庭でも刺身さえあれば簡単にできるので、ぜひお試しを。

黒鯛《クロダイ》

内湾に生息するため、獲れる場所により泥臭さや磯臭さが強い場合がある。成長とともに名前が変わる出世魚。

黄鯛《キダイ》

レンコダイとも呼ばれる小型の種。祝宴の折り詰めで塩焼きがよく見られる。唐揚げなどにも向く。

血鯛《チダイ》

マダイの代用とされることが多い。マダイより小ぶりのため姿を活かした調理がしやすい。

レシピ
土鍋で本格鯛めし

材料（4人分）

タイ…小1尾（300g）
米…3カップ
A 水…660cc
A 酒…大さじ2
A 薄口しょうゆ、みりん…各大さじ1
A 塩…小さじ1
刻みのり、刻みねぎ…各適量

作り方

1. 米はといで、水気をきる。
2. タイはうろこ、ハラワタ、えらを取ってよく水洗いし、水気をふく。
3. 土鍋に1とAを入れて混ぜ、上に2をのせ、ふたをして吹きこぼれるまで強火で7分、中火で10～15分炊く。火を止めて10分蒸らす。
4. 3の土鍋からタイをとり出し、身をほぐして土鍋に戻し入れ混ぜ合わせる。器に盛り、お好みで刻みのりやねぎをちらす。

愛媛 - ①　中予から東予の鯛飯

愛媛 - ②　南予地方の鯛飯

お國自慢

愛媛「鯛飯」

愛媛の「鯛飯」は2種類あり、中予から東予では米とタイを丸ごと炊き込む「炊き込みご飯」風。もうひとつは、宇和島などの南予地方で食べられている、タイの刺身を生卵入りの特製のタレにひたして食べる「鯛飯」。どちらも、古くからある郷土料理。

兵庫「たいめん」

お國自慢

タイを煮つけてそうめんとともに大皿に盛り、タイの煮汁で食べる瀬戸内海岸地域に伝わる郷土料理。「タイ＝めでたい」と「そうめん＝細く長い」というイメージから、「縁がいつまでも続くように」との意味をもつ。この地域の結婚式には欠かせない料理。

兵庫 - ⑤

お國自慢

京都「鯛せんべい」

日本海や久美浜湾で水揚げされたタイ、エビ、スズキなどを加工して焼きあげた久美浜名物のせんべい。カルシウムたっぷりで、おやつにも酒のつまみにもぴったり。

京都 - ③

お國自慢

広島「黒鯛みそ」

広島 - ⑥

天然のクロダイを焼いて身をほぐし、炒ってフレーク状にしたものを、白みそと赤みそをブレンドしたオリジナルみそに混ぜ合わせてつくったおかずみそ。ご飯はもちろん、野菜スティックにつけてもおいしい。

お國自慢

愛知「おんべ鯛奉納祭り」

1000年以上も続くこの祭りは毎年3回行われ、白装束の神職が篠島で獲れたタイを塩干しにし、伊勢神宮へ献上する。これを「おんべ鯛」と呼び、伊勢神宮ゆかりの品に。

おいしい栄養

脂肪分が少なく、おいしさのもとであるうまみ成分イノシン酸が豊富。また、疲労に効くビタミンB_1や肌荒れや口内炎予防になるビタミンB_2なども多く含まれている。さらに、疲労をやわらげるとともに、肝臓病予防に有効なタウリンも多く含む。

食品成分表
（マダイ・可食部100gあたり）

エネルギー	142kcal
水分	72.2g
たんぱく質	20.6g
脂質	5.8g
炭水化物	0.1g
ビタミンB_1	0.09mg
ビタミンB_2	0.05mg
ビタミンE（トコフェロールα）	1mg

にしん

鰊

Pacific herring

地方名：ニシンイワシ（富山）
カド、カドイワシ（東北）
メマル（和歌山）

標準和名：ニシン（鯡、春告魚）
科：ニシン科
生息域：日本では犬吠埼（利根川）、島根（日本海）以北に生息。
語源：腹側と背側の二つに分けて、身欠きニシンとしていたことから「二身（にしん）」となった。魚偏に非と書くのは、江戸時代、松前藩の年貢が米ではなくニシンだったため、「魚に非ず」という意味合いから。

おせちに欠かせない春を告げる魚

「春告げ魚」と呼ばれるように、旬は春です。昭和 20 年ごろまでは大量に獲れましたが、近年は漁獲量が激減。乾燥させてつくる身欠きニシンや卵巣の数の子は、おせち料理や保存食としてよく食べられています。

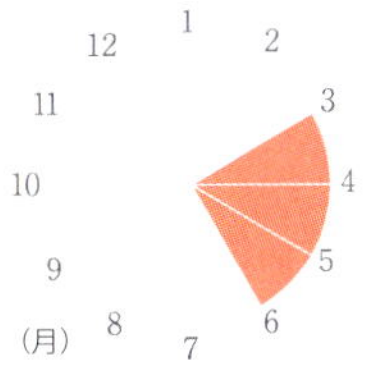

身欠きニシン

頭部、内臓を取り除いて乾燥させたもの。最近は戻す時間のかからない生干しタイプも多く出回っている。正月のこぶ巻きや京都のニシンそばが有名。

世界一臭い缶詰

スウェーデンでつくられる、ニシンを塩漬けにして缶の中で発酵させたシュールストレミングは、世界一臭い缶詰として有名。

福島 - ③

お國自慢 福島「さんしょう漬け」

下処理した身欠きニシンとさんしょうの若葉を何段も重ね、砂糖、しょうゆ、酒、みりん、酢などでつくったつけ汁につけ込んだ会津の保存食。そのままでもおいしいが、軽くあぶると香ばしい風味が味わえる。

福島 - ③

かずのこ

アイヌ語でニシンを「カド」と呼び、それがなまってニシンの卵を「数の子」と呼ぶとか。

おいしい栄養

粘膜を丈夫にするビタミンAやカルシウムの働きを調整するビタミンDなど、ビタミン類が豊富。

食品成分表（可食部100gあたり）

エネルギー	216kcal
水分	66.1g
たんぱく質	17.4g
脂質	15.1g
炭水化物	0.1g
無機質　鉄	1mg
ビタミンD	22μg
ビタミンE（トコフェロールα）	3.1mg

まぐろ

鮪

Bluefin tuna

別名：メジ、ヨコワ（幼魚）、シビ

地方名：クロ（関東）

標準和名：クロマグロ（黒鮪、黒真黒）
科：サバ科
生息域：クロマグロは日本近海を含む、太平洋の温帯・熱帯海域に広く分布。
語源：体が黒く、肉が赤黒いことからの「真黒」が転じたとの説、目が黒いことを表した「目黒」の説などがある。魚偏に有と書くのは、大きく外枠を囲むように回遊することから、外側を囲むという意味のあった有の文字が使われた。

味も栄養も格別！だれもが認める赤身の王様

刺身や寿司ネタの代表格といえば、やっぱりマグロ。なかでもとくにおいしいとされているのがクロマグロです。部位によって味、栄養ともに差がありますが、どの部位もおいしく人気があります。加熱すると身がかたくなってしまうため、生で食べることが多い魚です。

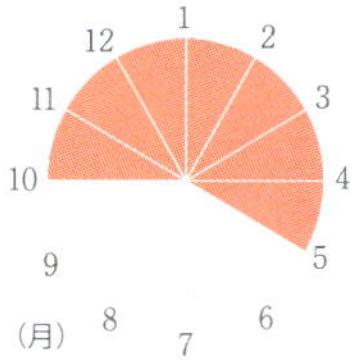

黒鮪《クロマグロ》

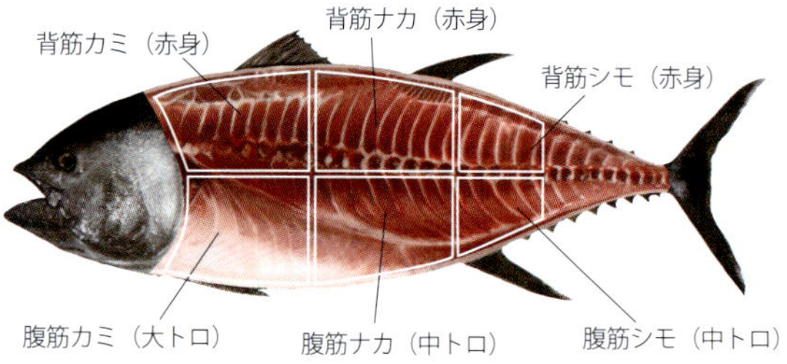

冷凍サクの解凍のコツ

ポイントは一度温塩水につけること。40℃の温水１ℓに対し、塩大さじ２の割合の温塩水に１分ほどつけ、水気をふき、ふきんやキッチンペーパーに包む。その後は冷蔵庫で自然解凍。

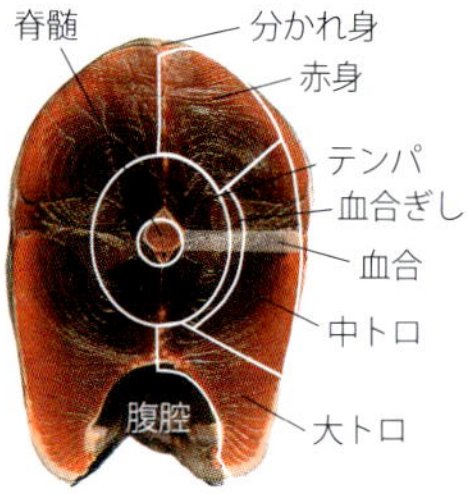

おいしいサクの選び方

マグロにはすじがあり、このすじで口当たりが違ってくる。スーパーなどでサクを買う場合はすじの入り方を必ず見ること。いちばんおいしいのは、縦に平行に入っているもの。２番目は、斜めに平行に入っているもの。あまり食感がよくないのはカーブを描いているものである。

おいしい栄養

エネルギー源として重要な良質のたんぱく質が豊富。また血圧を正常に保ち、肝臓の働きを強くするタウリン、貧血予防に役立つ鉄も多く含まれている。さらに、生活習慣病に効果があるといわれるＥＰＡ、脳を活発にし記憶力をよくしてくれるＤＨＡも豊富に含まれる。ちなみに鉄は赤身、中トロ、大トロの順、ＤＨＡは大トロ、中トロ、赤身の順に多く含まれている。

食品成分表
（クロマグロ・可食部100gあたり）

エネルギー	125kcal
水分	70.4g
たんぱく質	26.4g
脂質	1.4g
炭水化物	0.1g
無機質　鉄	1.1mg
ビタミンB1	0.1mg
ビタミンD	5μg

美しい紅色。刺身や寿司ネタとしてもよく食される

目《メ》撥《バチ》鮪《マグロ》

クロマグロに匹敵するほどの肉質をもつが、漁獲量が多いので、比較的安価で出回る。

鬢《ビン》長《ナガ》鮪《マグロ》

脂ののったものは近年「びんトロ」などと呼ばれ人気。ツナフレークの原料になっている。

肉質がやわらかく淡いピンク色をしている

鮮やかなピンク色。あっさりした食味。うまみもある

黄《キ》肌《ハダ》鮪《マグロ》

黄色いひれをもち、体色も黄色味がかっている。マグロのなかでも世界的に漁獲量が多く、缶詰の材料にもなっている。

簡単・ヅケのつくり方

1
サクの表面だけが白くなる程度に熱湯をかける。うまみをとじ込め、漬けダレがしみやすくなる。

2
酒1：みりん1：しょうゆ2の割合の漬けダレをつくり、1のサクをつける。1時間程度でできあがり。つかり具合は好みで。

まながつお

地方名：ケイフク（岡山）
チョウチョウ（島根）
マナガタ（九州）

真名鰹

Harvestfish, Silver pomfret

標準和名：マナガツオ（真名鰹、真魚鰹）
科：マナガツオ科
生息域：南日本から東シナ海の大陸棚の砂泥底に生息。
語源：カツオの獲れない地方でカツオに見立てたことから「真似鰹」と呼ばれそれが転じたとする説、食用の魚を意味した「真魚」からきているとする説など、多数ある。

関西ではメジャーな高級魚

関東ではなじみが薄いものの、関西では高級魚として懐石料理などに使われています。名前に「カツオ」とついていますが、カツオの仲間ではなくイボダイの近縁種です。身はやわらかく、西京漬けが有名。

うろこがはがれておらず、身が張って体が銀色に光っているものを選ぶ

食品成分表（可食部100gあたり）

エネルギー	175kcal
水分	70.8g
たんぱく質	17.1g
脂質	10.9g
炭水化物	微量
無機質　鉄	0.3mg
ビタミンA（レチノール当量）	90μg
ビタミンB_{12}	1.4μg

粘膜や皮膚を丈夫にするビタミンA、悪性貧血に効果があるとされるビタミンB_{12}を多く含む。

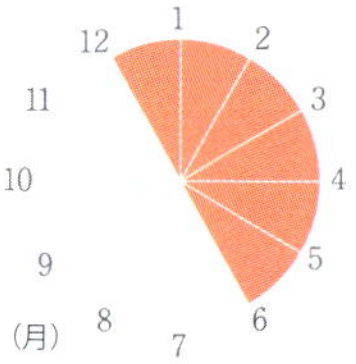

めばる

地方名：メマル（関西）
ドコ（秋田）、カナンド（愛媛）
ハチメ（福井）、ホゴ（鹿児島）

目張

Goldeye rockfish

標準和名：ウスメバル（薄目張）
科：フサカサゴ科
生息域：北海道南部から九州まで分布。沿岸の岩礁域に生息。
語源：漢字のとおり、目が大きく張り出していることから。

釣り人に大人気の白身魚

大きな目が特徴的なメバルは、日本各地に生息しており、船釣りの対象として人気の高い魚です。脂がのって身が締まる旬のメバルは身離れがよく、刺身より煮つけか塩焼きでいただくのがいちばん。

薄《ウス》目《メ》張《バル》

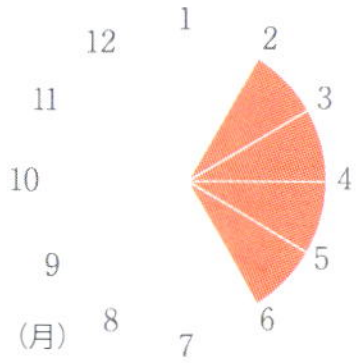

食品成分表（可食部100gあたり）

エネルギー	109kcal
水分	77.2g
たんぱく質	18.1g
脂質	3.5g
炭水化物	微量
無機質　カルシウム	80mg
ビタミンD	1μg
ビタミンE（トコフェロールα）	1.5mg

血圧を正常に保つカリウムや骨の強化に欠かせないリンが豊富に含まれている。

黒《クロ》目《メ》張《バル》

メバルの色

さまざまな色の個体がいるメバルは、色によって黒メバル、赤メバル、白メバルと呼ばれることがある。

あさり

浅蜊

Japanese short-neck clam

地方名：イソモ（広島）

標準和名：アサリ（浅利、蛤仔）
科：マルスダレガイ科
生息域：日本では北海道から九州まで広く分布。太平洋側に多く、日本海側は少ない。
語源：「漁る」という言葉は、アサリのような浅瀬にすむ貝や魚を獲る行為から生まれた言葉といわれており、漁るが転じてアサリになったとする説が有力。

潮干狩りでおなじみの貝の代表格

淡水が流れ込む内湾や干潟に生息し、春先と秋口に旬を迎えます。潮干狩りなどでなじみ深い貝でしたが、最近では輸入ものがかなり増えています。一般的には生食せず、酒蒸しなど加熱調理していただきます。

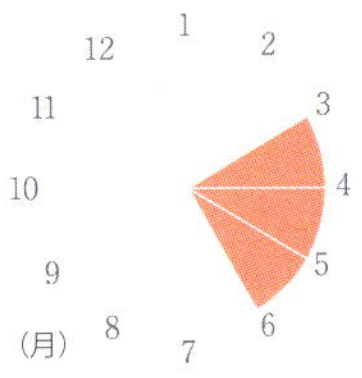

殻が大きく、横に張っているもの

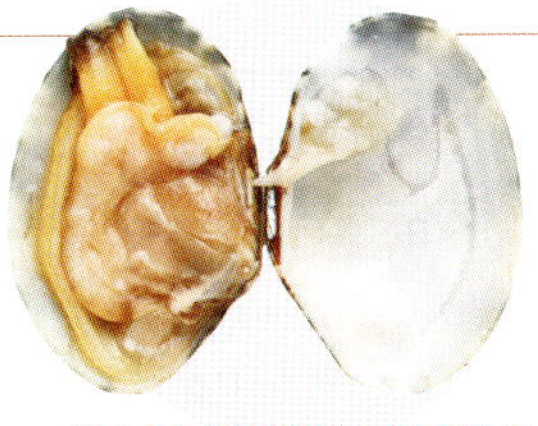

粒の大きさがそろい、肉厚のもの

殻の模様

模様は千差万別で、ときには左右異なる柄の個体もある。北海道産のアサリは模様が少なく、灰色のものが多い。

砂抜きの方法

砂を吸い込んでいるのではなく、殻と身の間に砂がある。3% 程度の食塩水とアサリを入れ、新聞紙などをかぶせて暗くし、3 時間程度おく。

愛知「渥美のアサリの押し寿司」

渥美のごちそうで、新鮮な「渥美アサリ」をひとつずつていねいに手作業でむき身にし、甘辛く炊き、押して寿司にしたもの。

愛知「田原のあさりせんべい」

獲れたてのアサリをたっぷり使った渥美半島の大人気商品。田原市のアサリは三河湾の豊富なプランクトンによって肉厚でとてもおいしく、田原を代表する特産品である。

愛知「はずあさりの豆みそ焼き」

県内有数の漁獲量を誇る「はずあさり」と、甘みが強い豆みそをいっしょに焼いた、昔ながらの幡豆町の家庭料理。

おいしい栄養

貧血予防に効果的な鉄、味覚を正常に保つ亜鉛、肝機能を高めて二日酔いの解消に効くタウリンが豊富。

食品成分表（可食部100gあたり）

エネルギー		30kcal
水分		90.3g
たんぱく質		6g
脂質		0.3g
炭水化物		0.4g
無機質	マグネシウム	100mg
	亜鉛	1mg
ビタミン B_{12}		52.4μg

さざえ

栄螺

Spiny top-shell

別名：サザイ、サジャ、テンゲス、トッポゲー

標準和名：サザエ
科：サザエ科
生息域：北海道南部から琉球列島・小笠原諸島を除く九州まで。
語源：「サザレ（礫）」が転じた説が有力だが、「ササエ（小枝）」「ササエ（小家）」「ササエダ（碍枝）」からなど、諸説ある。

歯ごたえと磯の香りが魅力の巻き貝

特徴的な角は荒い海で育ったものには多く、静かな海で育ったものにはほとんどありません。旬は春から初夏にかけて。磯の風味とコリコリとした食感を楽しみたいなら、刺身より、定番料理のつぼ焼きがおすすめです。

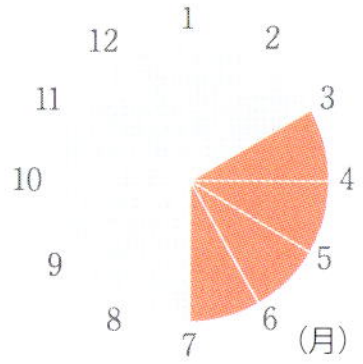

持って重いもの
角の有無はあまり味に関係ない
新鮮なものは振っても音がしない
新鮮なものはふたを引っ張ると強く引っ込む

殻つきの新鮮なものは、新聞紙などにくるんで冷蔵庫で保管する。

食品成分表（可食部100gあたり）

エネルギー		89kcal
水分		78g
たんぱく質		19.4g
脂質		0.4g
炭水化物		0.8g
無機質	カリウム	250mg
	亜鉛	2.2mg
ビタミン B_{12}		1.3μg

ほかの巻き貝に比べ、たんぱく質やビタミン類が豊富。また、皮膚の老化を予防するコラーゲンも多く含む。

鳥取 - ①

角が生えないサザエを「丸腰サザエ」「角なしサザエ」と呼ぶ。

はまぐり

蛤

Hard clam

地方名：カラコ（鹿児島）
別名：ホンハマ、アブラガイ、テッパツ

標準和名：ハマグリ
科：マルスダレガイ科
生息域：かつては北海道南部から九州まで分布していたが、現在は激減している。
語源：形が栗に似ており、浜にいることから。古語で石を意味する言葉として「クリ」といっていたことからとの説もある。

国産は絶滅寸前のめでたい貝

結婚式やひな祭りなどの行事料理に用いられるハマグリ。現在では国産はほとんど獲れず、市場に出回る多くは中国や韓国からの輸入ものです。ふっくらとした身はうまみが強く、和洋中、さまざまな料理に使われます。

一度に食べると湿疹や吐き気を起こしやすくなるので、食べすぎには注意を。

焼きハマグリのコツ

加熱前に、殻の後ろにある靭帯を切ると、殻の中の汁がこぼれにくくなる。

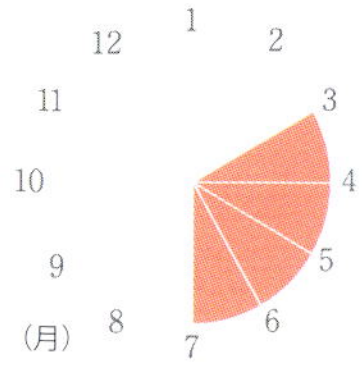

食品成分表（可食部100gあたり）

エネルギー		38kcal
水分		88.8g
たんぱく質		6.1g
脂質		0.5g
炭水化物		1.8g
無機質	カルシウム	130mg
	亜鉛	1.7mg
ビタミン B_{12}		28.4μg

骨や歯を丈夫にするカルシウムや、貧血予防に欠かせない鉄などのミネラルが豊富。

汀《チョウ》線《セン》蛤《ハマグリ》

地域をあらわす「朝鮮」ではなく、「ほかとは違う」という意味である。

ほたてがい

帆立貝

Giant ezo-scallop

別名：アキタガイ、カイセン、ウミオオギ

標準和名：ホタテガイ（海扇）
科：イタヤガイ科
生息域：日本では、富山、千葉以北に分布。
語源：一方の殻を帆のように立てて走ると信じられていたことから。実際にそのような生態ではない。

うまみたっぷりの大きな身はどんな料理にも合う

世界中に分布しているホタテガイ。日本では近年、養殖がさかんに行われ、天然ものの収獲量を上回るほどです。うまみのある肉厚な貝柱は、刺身、揚げもの、焼きものなど、どんな調理法でもおいしくいただけます。

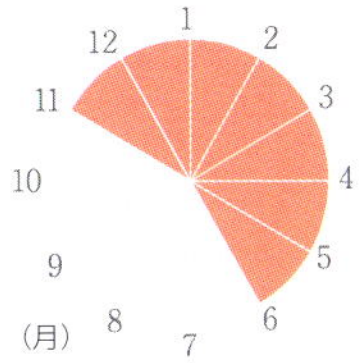

こんもりとした肉厚で引き締まったもの

殻つきの選び方

指で触れると手早く殻を閉じようとするものを選ぶ。殻が大きく開いているものは鮮度が落ち、閉じているものは死んでいる。

貝柱は透明感のある飴色のもの

青森-①

お國自慢

青森「貝焼きみそ」

大きなホタテの貝を器にし、ホタテの身、野菜などを入れてみそ仕立てのだし汁で煮込み、卵でとじて焼きあげた郷土料理。昔は卵が貴重だったため、病後の栄養補給のためにつくる特別なものでもあった。

干し貝柱

貝柱をゆでてから乾燥させてつくるためうまみが増し、日本では酒のつまみにされることが多い。中国ではフカヒレ、干しアワビ、干しナマコに並ぶ高級乾物として、粉末や戻したものを使う。

天然ものは 10 年

養殖ものは 3 年程度で市場に出回る。しかし天然ものは、殻が 1 年で 2㎝、2 年で 6 ㎝、3 年で 9cm の割合で大きくなり、市場に出回る 20㎝になるまでには 10 年の長い時間がかかる。

お國自慢

青森「ほたてソフトクリーム」

干し貝柱をつくる過程で出たホタテエキスを混ぜ合わせてつくった、全国初のソフトクリーム。ひと口食べれば磯の香りが口の中に広がり、あと味はさっぱりとしていて意外な味わいを楽しめる。

青森-⑨

ホタテの毒

ホタテガイの黒い中腸腺はウロと呼ばれ、エサとなるプランクトンの毒素をため込む部位。食べる際はできるだけ除く。市販のボイルものや刺身用などは取り除かれていることが多いが、殻ごと購入する際は下処理を。

おいしい栄養

動脈硬化、心臓病、肝臓病の予防になるタウリンと、味覚や嗅覚の機能を正常に保つ亜鉛が豊富。

食品成分表（可食部100gあたり）

エネルギー		72kcal
水分		82.3g
たんぱく質		13.5g
脂質		0.9g
炭水化物		1.5g
無機質	カリウム	310mg
	亜鉛	2.7mg
ビタミン B_{12}		11.4μg

貝類いろいろ

バカガイ

足の部分は「アオヤギ」、貝柱は「小柱」として寿司ネタではおなじみ。

ホッキガイ

正式名称はウバガイだが、こう呼ばれることが多い。寿司ネタのほか、北海道、東北地方では炊き込みご飯が有名。

タイラギ

寿司ネタの「貝柱」はホタテガイではなく、この貝のものが多い。日本各地の内湾に生息し、成長すると30㎝ほどになる。

ツブ

エゾバイ科に属する巻き貝で、大きさや色などはさまざま。バイガイとも呼ばれ、近年は東南アジアからの輸入が増えている。

イガイ

パエリアなどで使われるムール貝の仲間。日本各地に生息しており、よくカラス貝と呼ばれるが、実際のカラス貝とは別種。

アカガイ

身が赤いため、こう呼ばれる。国産では宮城県名取市閖上《ゆりあげ》産が有名。刺身、酢のもの、酢みそ和えでよく食べられる。

トリガイ

寿司ネタとして知られる二枚貝。8㎝ほどの大きさで、食用とされるのは足の部分。うまみがあっておいしい。

島根-①

島根「ヒオウギ貝」

隠岐島を中心に養殖が行われており、赤、黄、青など鮮やかな色の貝殻になる。貝殻はアクセサリーや土産ものとして、貝柱は食用として楽しめる。

愛知「篠島《しのじま》のにし汁」

篠島や三河湾沿岸地域では「ニシ貝」と呼ばれる巻き貝が多く獲れる。焼いた小魚、焼きみそとともにすりつぶして水を加える「にし汁」は、篠島自慢の料理。ご飯にかけてお茶漬け風にかき込むのが主流の食べ方。

愛知-①

京都「丹後のトリガイ」

ミネラル豊富な舞鶴湾の初夏に獲れるトリガイは驚くほど大きく、日本一といわれるほど。一般的なものよりも甘みがあり、高級品とされている。

京都-③

夏を味わう

―季節と地域の魅力を知ろう―

あじ

鯵

Horse-mackerel

地方名：ホンアジ（和歌山）
メダマ（東京）
ジンダコ（千葉）
ガツン（奄美大島）

標準和名：マアジ（真鯵）
科：アジ科
生息域：日本各地から東シナ海、朝鮮半島に分布。沿岸から沖合の中・下層に生息。
語源：諸説あるが、味のよい魚という意味でアジとなったとの説が有力。

値段も手ごろで味がいい 青魚の代表格

夏に脂がのっておいしくなり、郷土料理も多いアジは、家庭でもよく使われる青魚です。一般的にはマアジをさしますが、市場ではムロアジなどもよく見かけます。調理法は刺身、塩焼き、南蛮漬けなど多彩。また、開き干しやくさやなどの干物も有名です。

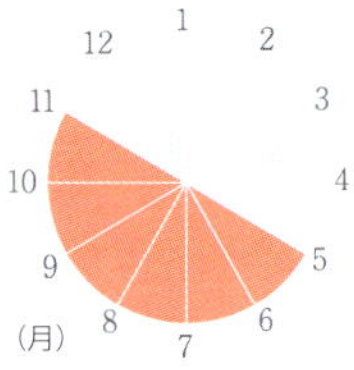

目が黒っぽく光る、濁っていない

身がふっくらしたもの

黄《キ》鯵《アジ》

季節的な回遊をしない内湾性のマアジ。脂ののり、味ともにクロアジよりもよいといわれる。

黒鯵《クロアジ》

沖合を季節回遊するマアジ。キアジよりも大ぶりで、細長い。脂が少なく淡白な食味。

きれいなピンク色のものが新鮮

干物は全体的に丸みがあり、茶色く脂やけしていないものを選ぶ

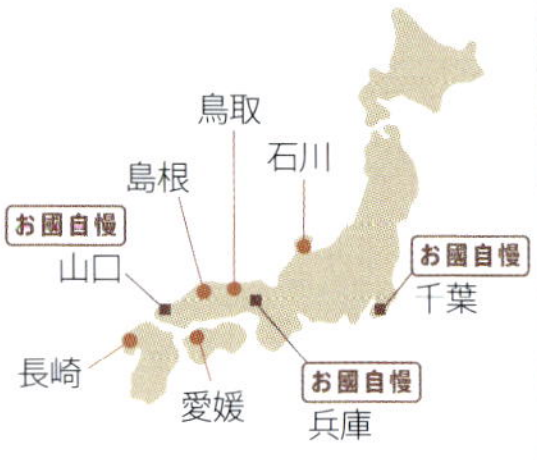

お安い大衆魚でも遠慮せず 下処理は魚屋さんに頼もう

慣れてしまえば下処理も簡単だが、やはりにおいやゴミは気になるもの。よって、下処理は購入した店に頼むのがおすすめ。その場合、どのように料理するかを言えば、きちんとさばいてくれる。

おいしい栄養

脳を活性化させるDHAやEPAが豊富。また、血圧やコレステロールを下げる効果があるとされるタウリンの含有量は、同じ青魚のサバやサンマよりも多い。さらに、ビタミンB群が豊富なので、夏バテ解消にぴったりの魚。

食品成分表
（マアジ・可食部100gあたり）

エネルギー	126kcal
水分	75.1g
たんぱく質	19.7g
脂質	4.5g
炭水化物	0.1g
無機質　鉄	0.6mg
ビタミンD	8.9μg
ビタミンE（トコフェロールα）	0.6mg

室鯵《ムロアジ》

新鮮なものは刺身や焼きものなどでも食されるが、くさやなどの干物の材料になることが多い。

丸鯵《マルアジ》

ムロアジの仲間。味や姿がキアジに近いこともあり、マアジとして売られていることも多い。刺身や塩焼きなどに。

千葉-⑦

お國自慢 千葉「富浦アジすくい」

潮の満干に合わせて海に放流されたアジを、つかみ取りできるファミリーイベント。捕獲したアジは持ち帰ることができ、市内宿泊者なら参加費無料で体験できる。

クサヤ

強烈なにおいで有名な、伊豆諸島特産の干物。おもにクサヤモロやムロアジなどのアジ科の魚を使い、「くさや汁」という塩と内臓を入れ発酵させた漬け汁に漬ける。

千葉-⑦

お國自慢 千葉「なめろう」

新鮮なアジやイワシとみじん切りにした薬味をなめらかになるまで包丁でたたき、みそを加えた漁師料理。「おいしくて皿までなめた」ことが名の由来とされる。この「なめろう」をアワビの貝殻に詰めて焼いたり、大葉で包んで焼いたりする料理を「サンガ焼き」と呼ぶ。

兵庫-⑤

お國自慢 兵庫「小アジのほほかぶり」

俵形にした寿司飯より上にのった小アジのほうが大きい寿司。ほおかぶりをしているように見えるので、この名がついた。豊作を祈願する料理として、南あわじ市地方で食べられている。

山口「瀬つきあじ」 お國自慢

萩、長門、下関地区の漁港に水揚げされるアジは「山口の瀬つきあじ」としてブランド化され、現在では全国で認知されるほど有名になっている。

山口-③

あなご

穴子

Conger-eel

地方名：ハモ（東北）
ハカリメ（関東）
メジロ（東海）、レスケ（愛媛）

標準和名：マアナゴ（真穴子、真穴魚）
科：アナゴ科
生息域：日本各地に分布。沿岸から大陸棚までの砂泥底に生息。
語源：日中、砂泥地の穴や岩穴に潜んでいる様子から。「穴ごもり」が変化したとの説もある。

肌荒れや目の疲れに効く白身魚

海水と淡水が混じり合う沿岸の砂泥沼にすむアナゴは、ウナギやハモと近縁の白身魚です。ウナギより淡白な味わいで、蒲焼きや天ぷらに、煮たものはおもに寿司ネタにされます。ほんの一時期だけ獲れる幼魚は「ノレソレ」と呼ばれ、珍味として生食されています。

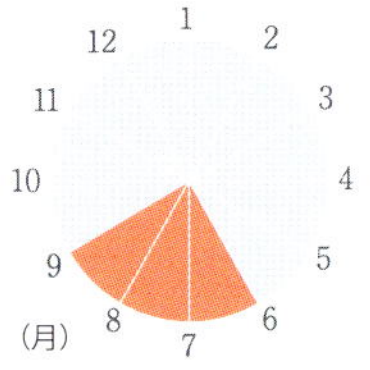

山口-⑨

お國自慢

山口「岩国寿司」

４～５升の寿司飯にアナゴ煮やれんこん、錦糸卵などの具を交互に重ねてつくる、押し寿司風のちらし寿司。見た目も華やかで、お祝いの席に欠かせない郷土料理となっている。

まずは白焼き

ウナギよりも家庭で手軽に調理できるアナゴ。酒を少々ふり、焦がさないようにグリルで焼くだけでおいしい白焼きの完成。臭みのもととなる皮のぬめりは、酒で軽く洗うと簡単にとれる。

愛知-①

愛知「豊浜のあなご味醂《みりん》干し」

南知多で水揚げされたアナゴを特製みりんダレにつけて浜風で天日干ししたもの。ご飯にも酒の肴にもぴったりの逸品。

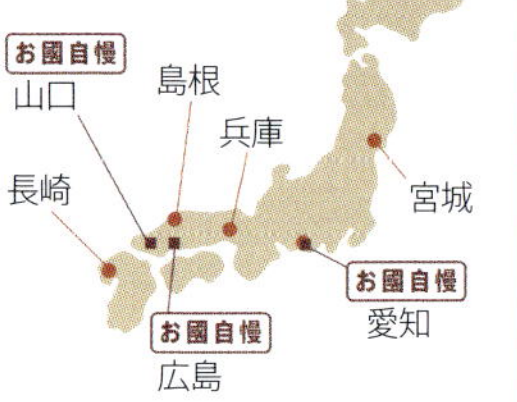

広島-①

お國自慢 広島「あなご飯」

瀬戸内地域の郷土料理で、瀬戸内の漁師料理が発祥とされている。アナゴを蒲焼きにし、アツアツのご飯にのせたどんぶり風と、ご飯にアナゴを混ぜ込んだ炊き込みご飯風がある。

おいしい栄養

肌荒れ予防、眼精疲労に効くビタミンＡがとくに豊富で、その含有量は100ｇで１日の必要量をほぼ摂取できるほど。また、皮膚や消化器官などの粘膜を健康に保つビタミンB_2、骨を強化するカルシウムも豊富に含まれている。

食品成分表（可食部100gあたり）

エネルギー	161kcal
水分	72.2g
たんぱく質	17.3g
脂質	9.3g
炭水化物	微量
無機質　カルシウム	75mg
ビタミンＡ（レチノール当量）	500μg
ビタミンＥ（トコフェロールα）	2.3mg

あゆ

鮎

Ayu

地方名：アヨ（山形）、アユゴ（熊本）、アイオ（広島）

標準和名：アユ（香魚、年魚）

科：アユ科

生息域：北海道西部から南九州までの河川、湖などに生息。

語源：すばやく動く様子からアイヌ語で矢を意味する「アイ」が転じたとされる説、占いの際、神前に贄（あえ）として供えられていたことからという説など、多数ある。

塩焼きがおいしい！ 夏を告げる川魚の王様

旬のアユは香りがよく、古くから日本人をとりこにしてきました。また、秋に旬を迎える子持ちのアユもおいしく、人気があります。ただ天然ものは非常に少なく、ほとんどが養殖されたもの。代表的な調理法は、やはり香りを楽しめる塩焼きです。

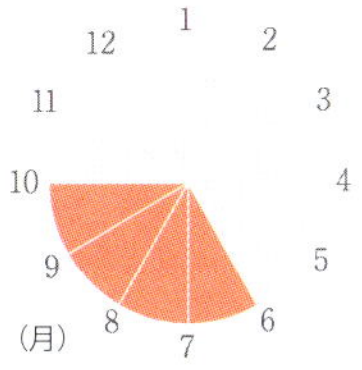

高知「落ち鮎」の風景

高知 - ①

落ち鮎

産卵のために川を下るアユのこと。シーズンになると四万十川では、火と光でアユを追い込む火振り漁が行われる。

徳島 - ①

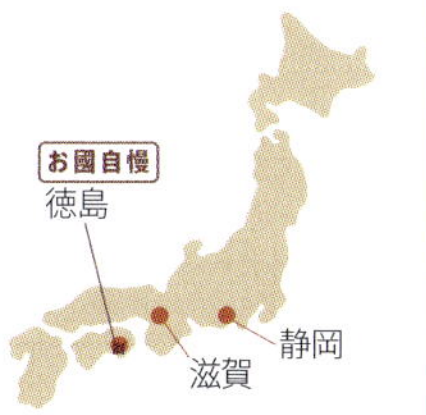

お國自慢 徳島「姿寿司」

徳島の名産アユを丸ごと一尾使い、特産農作物のすだちやゆずなどのかんきつ類を添えた一品。

骨の抜き方

アユは骨が細かいため、除きながら食べるのが少しめんどう。そんな方におすすめなのが、骨を一気に抜いてしまう方法。尾を切り離し、頭を引くと骨がきれいに抜ける。子どもやお年寄りにも食べやすくなる。

おいしい栄養

筋肉や皮膚、血液をつくるたんぱく質が多く含まれるほか、骨の強化に役立つカルシウムも豊富。また、ハラワタには視力の改善、病気の回復を早める効果があるといわれているビタミンAが多く含まれる。

食品成分表
（天然・可食部100gあたり）

エネルギー	100kcal
水分	77.7g
たんぱく質	18.3g
脂質	2.4g
炭水化物	0.1g
ビタミン B_{12}	10.3 μg
ビタミンD	1 μg
ビタミンE（トコフェロール α）	1.2mg

いさき

伊佐幾

Striped pigfish

地方名：イサギ（東北・関東）
トビ（三重）、サミセン（広島）
イッサキ（九州）

標準和名：イサキ（伊佐幾、伊佐木、鶏魚）
科：イサキ科
生息域：太平洋側では関東から九州まで、日本海側では北陸から九州に多く分布。
語源：イサ＝磯（いそ）から転じた説、背中の縞模様が5つに分かれていることから「五裂き」と表したとする説などがある。

夏の到来を教えてくれる脂ののった大衆魚

夏を代表する魚で、日本各地の沿岸に分布し、釣りの対象としても人気です。夏が旬のほかの魚より脂が多くのっていて、刺身、塩焼き、ムニエルなど多彩な料理に利用できます。また、産卵期のイサキの卵は絶品といわれ、珍重されています。

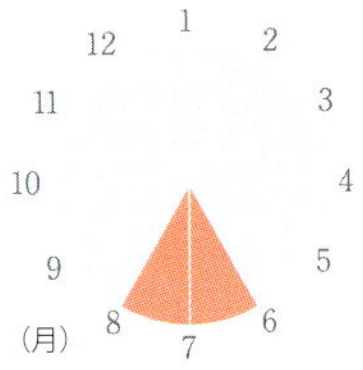

縞《シマ》伊《イ》佐《サ》幾《キ》

イサキよりも漁獲量が少ない。体側にはっきりとした4本の黒帯が入るのが特徴で、塩焼きや煮つけなどに。大型のものは刺身にも。

骨に注意

九州には、イサキのかたい骨やひれがのどに刺さって命取りになり、北枕に寝かされてしまうという意味から「イサキは北向きで食べろ」という言いならわしがある。

季節の別名

梅雨の時季には「ツユイサキ」、初夏〜夏には「ムギワライサキ」と呼ばれ、どちらもおいしく食べられる時季を表す別名。

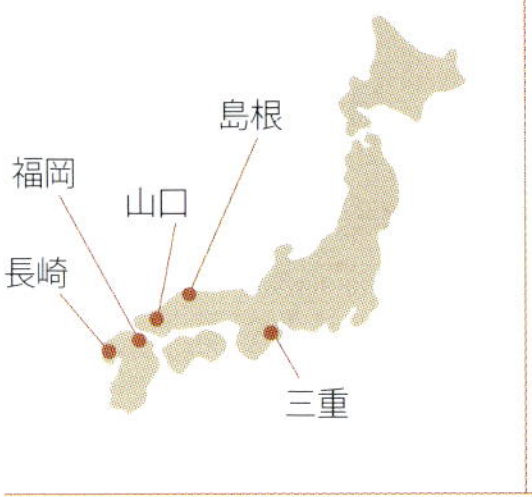

イサキの簡単レンジ蒸し

レシピ

一見難しそうな蒸し魚も、じつはレンジで簡単に楽しめる。スーパーなどで下処理をしてもらったイサキを洗い、水気をふく。塩と酒をふり、コンブを敷いた耐熱皿にイサキと斜め切りにした長ねぎ、合わせ調味料（しょうゆ大さじ3、水大さじ2、おろししょうが1かけ分、レモン汁大さじ1/2、砂糖大さじ1/2）を回しかける。ラップをして2〜2分半加熱する。最後に刻みねぎをちらす。

おいしい栄養

消化のよいたんぱく質を含むため胃腸の弱い病人には最適の供給源に。また、粘膜や皮膚の健康に欠かせないビタミンA、脳と体の働きを活性化させるビタミンB_1、カルシウムの吸収を助けるビタミンDなどが豊富。

食品成分表（可食部100gあたり）

エネルギー	127kcal
水分	75.8g
たんぱく質	17.2g
脂質	5.7g
炭水化物	0.1g
ビタミンA（レチノール当量）	41μg
ビタミンD	15μg
ビタミンB_1	0.06mg

うなぎ

鰻

Japanese eel

地方名：カワヤツメ（北海道）
メソッコ（千葉）
アオバイ（岡山）

標準和名：ウナギ（棟木、胸黄）
科：ウナギ科
生息域：日本各地から朝鮮半島、東アジア、ヨーロッパまで広く分布。
語源：「ムナギ」が転じてウナギとなった。むなぎと呼ばれていたのは、棟木（むなぎ）に似ていることから、または胸が黄色いため胸黄（むなき）から、と考えられている。

夏バテにぴったりのスタミナ源

夏の土用に食べることが多いため、一般的な旬は夏ですが、天然ものがおいしくなるのは秋から冬。現在はほとんどが養殖ものか輸入もので、天然ものは貴重です。蒲焼きのほか、白焼き、ひつまぶしなど、地域に根づいたおいしい食べ方がいろいろあります。

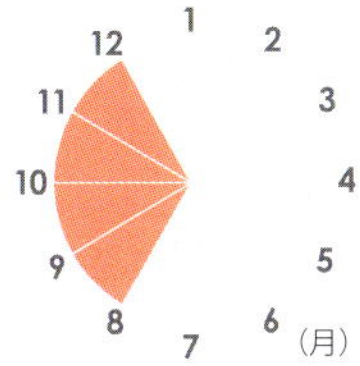

市販の蒲焼きをふっくら温める

やわらかく温めるには蒸し直すのがいちばんだが、蒸すのはめんどう。そんなときはご飯が炊けた保温状態の炊飯器に10分ほど入れればふっくら温まる。

ウナギのケチャップ炒め

蒲焼きの趣向を変えて洋風の炒めものに。フライパンにサラダ油（適量）を熱し、刻んだにんにく（1かけ分）を炒める。香りがたったら4cm幅に切った蒲焼き（1枚）、刻んだパプリカ（1/2個分）、付属の蒲焼きのタレ（大さじ1/2）、ケチャップ、酢（各小さじ1）を加え、炒め合わせる。

レシピ

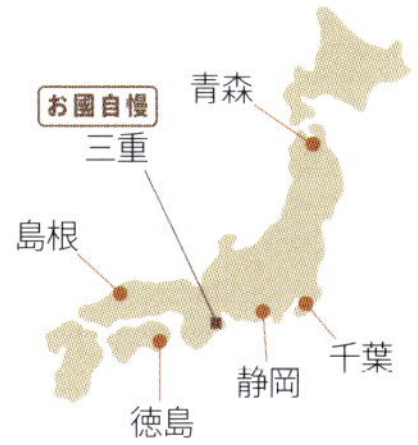

三重 - ①

三重「津市のうなぎ料理」

津市のご当地グルメ。市内だけで20軒以上のウナギ専門店があり、それぞれの秘伝のタレで味つけした蒲焼きや、う巻きなどを味わえる。

おいしい栄養

夏バテや食欲不振の改善に役立つ栄養がたっぷり。消化器官の粘膜の健康を保つビタミンB_2のほか、ビタミンD、Eなどもバランスよく含まれる。また、肝には免疫力を高めるビタミンAが豊富で、わずか15gで1日分の摂取量が摂れるほど。ただしコレステロール量が多いので、食べすぎには注意を。

食品成分表（可食部100gあたり）

エネルギー	255kcal
水分	62.1g
たんぱく質	17.1g
脂質	19.3g
炭水化物	0.3g
無機質　鉄	0.5mg
ビタミンA（レチノール当量）	2400μg
ビタミンD	18μg
ビタミンE（トコフェロールα）	7.4mg

かれい

Righteye flounder

鰈

地方名：クチボソ（日本海沿岸）
アマテ（瀬戸内海）
アオメ（東北、京都）

標準和名：マガレイ（真鰈）、マコガレイ（真子鰈）
科：カレイ科
生息域：マコガレイは大分から北海道南部に分布。水深100m以浅の砂泥底に生息。
語源：古名の「カラエイ」が転じてカレイとなった説が有力。目が体の片側だけにあり、その様子から片割れ魚と呼ばれていたものが変化したとする説もある。

煮つけ、唐揚げ なんでもおいしい 庶民のおかず魚

カレイは種類が多く、大きさも2mにもなる大型種までありさまざま。近年は漁獲量の減少で値段は高くなりましたが、旬のものは上質な味わいと独特の香りが人気です。また、冬場の子持ちガレイを煮つけにすると、とてもおいしく味わえます。

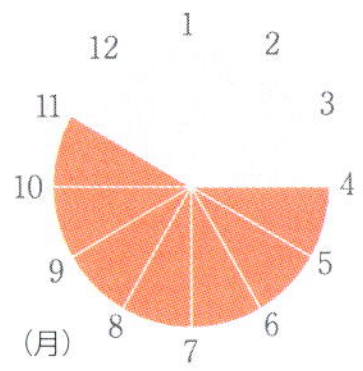

真子鰈《マコガレイ》
カレイ類でもっともメジャーかつ、おいしいといわれる。大分県日出産のものは「城下（しろした）ガレイ」として、ブランド化されている。

パック詰めのものは白身部分が見えないので、色ツヤがよく、ぬめりのあるものを選ぶ

真鰈《マガレイ》
肉質がよく、カレイのなかでも比較的安価で人気が高い。旬は初夏。

子持ち鰈
卵を味わうために獲られるので、身は旬のものより味が落ちる場合もある。

養殖が期待される「幻の魚」

松皮鰈《マツカワガレイ》

肉質がよく、味も絶品だが、漁獲量が極めて少なく「幻の魚」といわれるマツカワガレイ。そこで現在、稚魚を使ったさまざまな養殖試験が各地で行われている。近い将来、一般の食卓でも安価でおいしく食べられることを期待したい。

おいしい栄養

消化のよい良質なたんぱく質を豊富に含み、脂肪分が少なく低カロリーなので、胃腸の弱い人やダイエット中の人にもぴったり。また、イライラやストレスをやわらげるビタミンB_1、細胞の再生を促すビタミンB_2、カルシウムの吸収を助けるビタミンDも豊富。さらにヒレの部分には、肌に潤いを与え美しく保つコラーゲンが多く含まれている。

食品成分表
（マコガレイ・可食部100gあたり）

エネルギー	93kcal
水分	79.0g
たんぱく質	18.0g
脂質	1.8g
炭水化物	0.1g
ビタミンB_2	0.32mg
ビタミンD	6.7μg
ビタミンE（トコフェロールα）	1.5mg

かんぱち

Greater amberjack

間八

地方名：カンパ（東京）
アカイオ（北陸）

別名：シオ、ショッコ、
ネイリ（若魚）

標準和名：カンパチ（赤頭）
科：アジ科
生息域：日本では本州以南。東部太平洋を除く全世界の温帯、熱帯域に分布。
語源：頭部を上から見ると両目の間に八の字に見える帯が入っていることから。この帯は成魚になると薄くなり、ほとんど消えてしまう。

仲間のブリとは旬が逆の高級魚

ブリと似ていますが、ブリより暖かい海域を好み、旬も冬ではなく夏です。成長すると全長約1.5 m前後、体重は50kgほどになります。流通するのはいちばんおいしいとされる2～3kg程度のもので、ほどよく脂がのった身は刺身、寿司ネタによく使われます。

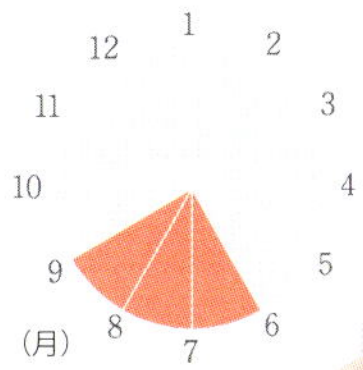

平政《ヒラマサ》

アジ科のなかでもっとも大きく育つが、全長1mほどの成魚がおいしいとされる。カンパチ同様、温暖な海域を好む。脂が適度にのり肉質がよいので、刺身や寿司ネタのほかに、焼きものにも適している。

レシピ

伊豆諸島「べっこう寿司」家庭でのつくり方

東京‐②

材料（2人分）

カンパチの刺身…1サク
酢飯…1合
コンブ…10cm角
しょうゆ…適量
酒…適量
砂糖…少々
練りがらし…適量

作り方

1. 小鍋に酒・しょうゆを1：1、砂糖適量（好みに応じて）、コンブを入れ、ひと煮立ちさせてゆっくり冷ます。
2. カンパチの刺身を1に30分つける。
3. 2を酢飯にのせて握り、からしをつけて食べる。

おいしい栄養

記憶力、学習能力を向上させる効果があるとされるDHAや、動脈硬化、高血圧の予防に役立つEPAが豊富。また、皮膚や粘膜を丈夫に保つナイアシンや、貧血や冷え性の予防に役立つ鉄が多く含まれる。

食品成分表（可食部100gあたり）

エネルギー	129kcal
水分	73.3g
たんぱく質	21g
脂質	4.2g
炭水化物	0.1g
無機質　鉄	0.6mg
ビタミンD	4μg
ビタミン（ナイアシン）	8mg

きびなご

黍魚子

地方名：キミナゴ（三重）
ハマゴイワシ、ハマイワシ（静岡）

Silver-stripe round herring

標準和名：キビナゴ（黍女子）
科：ニシン科
生息域：南日本から東南アジア、インド洋に分布。沿岸で群れをつくって生息。
語源：九州の一部で帯のことを「きび」と呼び、魚体に青白い帯が走っていることからこの呼び名がついたと考えられている。

イワシの仲間でもっとも小さいカルシウム魚

全長10㎝ほどとイワシの仲間では最小で、何千匹もの群れをなして泳ぎます。鮮度が落ちやすいため乾物で流通することが多いですが、漁獲量の多い九州地方などでは、刺身や鍋にして食べられています。

食品成分表（可食部100gあたり）

エネルギー		93kcal
水分		78.2g
たんぱく質		18.8g
脂質		1.4g
炭水化物		0.1g
無機質	カルシウム	100mg
ビタミンD		10μg
ビタミンE（トコフェロールα）		0.3mg

カルシウム、ビタミン、ミネラルが含まれており、頭から丸ごと食べられるので、栄養補給に最適。

うろこがキラキラ
光っているもの
腹が裂けているものは避ける

鹿児島・キビナゴの刺身
（P74）

子持ちキビナゴ

卵をはらんだキビナゴは子持ちシシャモのようにおいしく、焼きものや天ぷらがおすすめ。

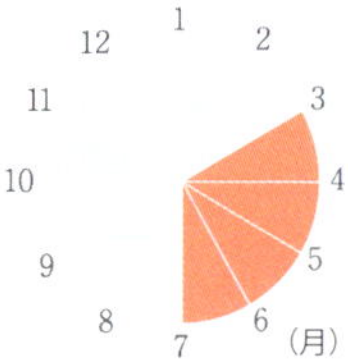

きす

鱚

地方名：キスゴ（西日本）
マギス（東京）
別名：ヒジタタキ（大型魚）

Japanese whiting

標準和名：シロギス（白鱚）
科：キス科
生息域：九州以北、ほぼ全国に分布。浅い砂地に生息。
語源：本来は「きすご」と呼ばれていた。岸（きし）がなまったとされる説と、まじめや素直を意味する生直（きすぐ）からきているとする説とがある。

江戸前天ぷらでおなじみの上品な魚

キス科の魚の総称で、一般的にはシロギスをさします。東京では天ぷら用としての需要が高いのですが、近年は漁獲量の減少により、海外からの輸入が増えています。天ぷらのほか、刺身、塩焼きにしてもおいしい魚です。

腹が透き通っていて、
ハリがある
目が濁っていないもの

初夏のキスは絶品

とくにおいしいとされる初夏のキスは、「絵に描いたものでも食え」といわれるほど美味。

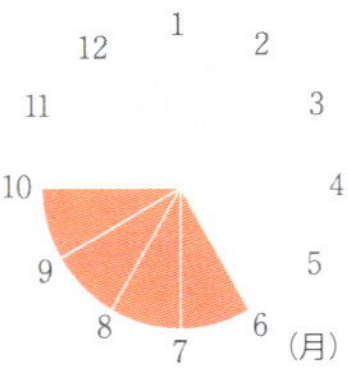

食品成分表（可食部100gあたり）

エネルギー		80kcal
水分		80.8g
たんぱく質		18.5g
脂質		0.2g
炭水化物		0g
無機質	カルシウム	27mg
ビタミンD		0.7μg
ビタミンE（トコフェロールα）		0.4mg

脂肪が少なく、低カロリーな魚。カルシウム、マグネシウム、ビタミンDが豊富。

こち

鯒

Bartail flathead

地方名：ホンゴチ、マゴチ（東京）

標準和名：マゴチ（牛尾魚）
科：コチ科
生息域：本州中部以南の内湾や河口付近。水深 30m 以浅の砂地に生息。
語源：貴族や祭司官が右手に持っていた細長い板「笏（こつ＝しゃく）」に形が似ていたため、転じて今の呼び名となったとの説が有力。

船釣りの対象としても人気の高級魚

コチはゼニゴチ、ムギメなど全国にさまざまな呼び名があり、夏の高級魚として有名です。また、船釣りの対象としても人気が高い魚でもあります。クセのない味わいが魅力で、おもに薄造りや塩焼きなどの料理に使われています。

食品成分表（可食部100gあたり）

エネルギー		100kcal
水分		75.4g
たんぱく質		22.5g
脂質		0.5g
炭水化物		0.2g
無機質	カリウム	450mg
	亜鉛	0.6mg
ビタミンD		1μg
ビタミンE（トコフェロールα）		0.1mg

高たんぱくで低脂肪。筋肉の働きをスムーズにするカリウム、味覚を正常に保つ亜鉛が豊富に含まれる。

真鯒《マゴチ》

小型でも丸く太っているほうが美味

腹が透き通り、ハリがあるもの

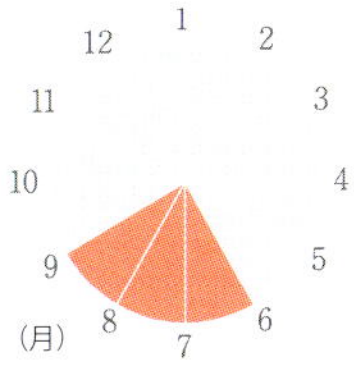

大きいものはすべてメス

コチは50㎝以上になるとほとんどのオスがメスに性転換する、雄性先熟魚《ゆうせいせんじゅく》。

鰐鯒《ワニゴチ》

ワニのように口が大きく長い。見た目に似ず味がよく、さまざまな調理に向く。

したびらめ

舌平目

Tonguesole

地方名：アカクツゾコ、ササガレイ、ベロ

標準和名：アカシタビラメ（赤舌平目）
科：ウシノシタ科
生息域：クロウシノシタは北海道小樽から南シナ海、アカシタビラメは有明海を除く南日本から南シナ海に分布。
語源：形状が動物（牛や犬）の舌に似ていることから。

フランスの定番料理で大人気

「ヒラメ」と名はつくものの、カレイの仲間です。上品な味わいで日本ではよく煮つけで食べられます。近年ではフランス料理の代表的メニュー「ムニエル」に使われるため、知る人も増えました。

むき身（アカシタビラメ）

鮮度のよいものは刺身にも

むき身（クロウシノシタ）

皮をはいでから調理する。売られている切り身も、最初から皮をはいであるものが多い

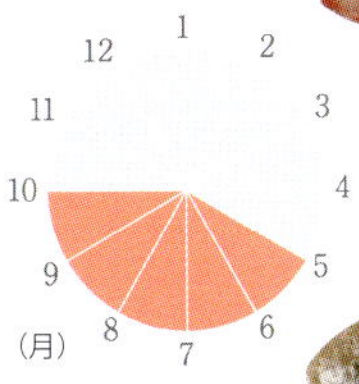

横から見て肉厚のもの

赤舌平目《アカシタビラメ》 体長は25㎝ほど。日本では有明海を除く南日本で獲れる。

黒牛之舌《クロウシノシタ》 体長35㎝ほどと大きく、調理法はアカシタビラメと同様にムニエルやフライ、煮つけなどがメイン。

食品成分表（可食部100gあたり）

エネルギー		96kcal
水分		78g
たんぱく質		19.2g
脂質		1.6g
炭水化物		微量
無機質	鉄	0.3mg
ビタミンD		2μg
ビタミンE（トコフェロールα）		0.6mg

貧血や冷え性の改善に有効な鉄分や、肌の細胞を活性化させるコラーゲンを多く含む。

しまあじ

White Trevally

島鯵

地方名：オオカミ（東京）、ソイ（和歌山）、ソウジ（沖縄）、カマジ（奄美大島）

標準和名：シマアジ
科：アジ科
生息域：東部太平洋を除く全世界の暖海に分布。日本では東北地方以南。
語源：本来は東京、和歌山、富山、高知などでの呼び名で、伊豆諸島などの島でよく獲れたことから「島アジ」と呼ばれるように。体に入っている縞模様を由来とする説もある。

その味や大きさから「アジの王様」と呼ばれる

アジのなかでもっともおいしいとされる全長60～100㎝ほどの大型魚。脂肪分が多いわりに、すっきりとした味わいで、刺身や寿司ネタとして人気があります。養殖もさかんで、一般に売られているシマアジの大半は養殖ものです。

食品成分表（可食部100gあたり）

エネルギー	168kcal
水分	68.9g
たんぱく質	21.9g
脂質	8g
炭水化物	0.1g
無機質　鉄	0.7mg
ビタミンB6	0.52mg
ビタミンD	18μg

動脈硬化症の予防や、記憶力の向上に役立つEPA、DHAが豊富。ほかにも、ビタミンB群、Dを多く含む。

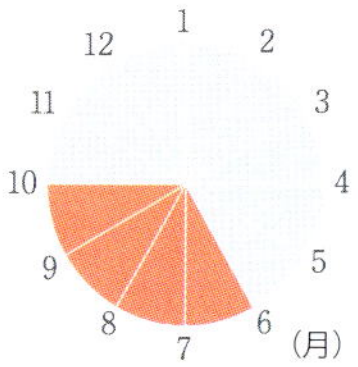

すずき

Japanese seaperch

鱸

地方名：マタカ（愛知、三重）
別名：コッパ、セイゴ（幼魚）

標準和名：スズキ
科：スズキ科
生息域：北海道以南の日本各地の沿岸。若魚は汽水域から淡水域、成魚は岩礁域から内湾に生息。
語源：すすいだように身が白いことから、「すすぎ」が転じてこの名になった説が有力。そのほか、勢いよく泳ぐさまから「進き（すすき）」からきているとの説もある。

釣りでも人気。暑い夏の食卓に欠かせない魚

日本各地に分布し、釣り魚としても人気のスズキは、成長するにつれて呼び名が変わる魚。旬の夏には身に弾力性を帯び風味もよくなるので、京都や大阪ではよく、冷やした「洗い」で食べられます。

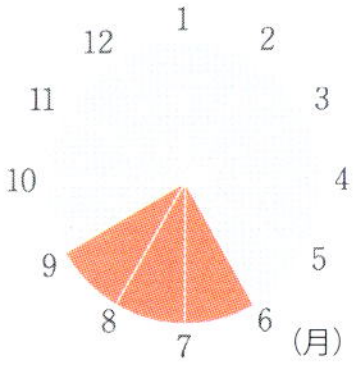

ブリに並ぶ出世魚

生まれたてをコッパ、関東では古くから一年魚をセイゴ、二年魚をフッコ、三年以上をスズキと呼んでいる。

尾のあたりがふっくらしているもの
大きいものほど脂ののりがよく、美味

食品成分表（可食部100gあたり）

エネルギー	123kcal
水分	74.8g
たんぱく質	19.8g
脂質	4.2g
炭水化物	微量
ビタミンA（レチノール当量）	180μg
ビタミンD	10μg
ビタミンB1	0.02mg
ビタミンE（トコフェロールα）	1.2mg

エネルギー代謝を促進するビタミンB1やカルシウムの吸収を助けるビタミンDが含まれる。

たちうお

太刀魚

Largehead hairtail

地方名：ダツ（秋田）
カタナ（秋田、岡山）
別名：タチ、タチオ

標準和名：タチウオ（立魚）
科：タチウオ科
生息域：北海道以南の各地沿岸の大陸棚に生息。
語源：「太刀魚」「立ち魚」と２通りの書き方をされるように、銀色の細長い体形が刀に似ていることからという説と、直立しゆっくり泳ぐさまを表したとの説とがある。

見た目はインパクト大だが さまざまな調理に使える魚

銀色の長細い体が特徴的なのですが、スーパーではほとんどが切り身で売られています。適度な脂がのった身はやわらかく、骨離れもよいので、塩焼きのほか、刺身、煮つけなど、どんな料理にも向く魚です。

食品成分表（可食部100gあたり）

エネルギー		266kcal
水分		61.6g
たんぱく質		16.5g
脂質		20.9g
炭水化物		微量
無機質	カリウム	290mg
ビタミンD		14μg
ビタミンE（トコフェロールα）		1.2mg

筋肉や神経の機能を正常に保つリン、ビタミンA・D・Eを豊富に含む。

横から見て肉厚のもの

傷が少なく、ハリと透明感のあるものを選ぶ

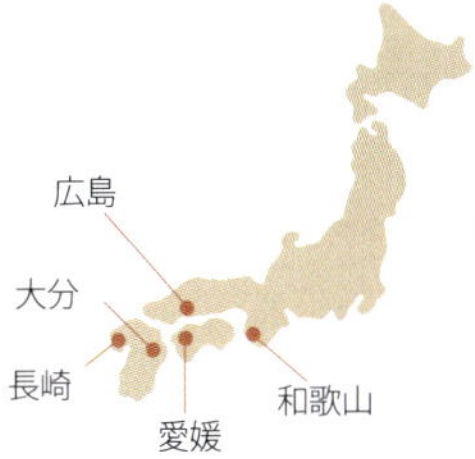

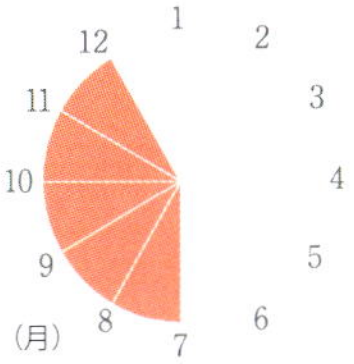

どじょう

泥鰌

loach

地方名：オドリコ（東京）
ノロマ（山梨）

標準和名：ドジョウ（鰌、泥鰌）
科：ドジョウ科
生息域：日本各地の浅い池、砂泥底に生息。
語源：明確な語源はなく、土の中に生きる、生まれることから「土生」とする説や、中国語読みが転じたなどの説がある。

栄養満点の 江戸の郷土料理

浅い沼や川、水田などに生息し、夏に旬を迎えます。近年は養殖ものも出回っていますが、ささがきごぼうと煮て卵でとじる柳川鍋やドジョウ汁は、東京を代表する料理として今も親しまれています。

全体が緑がかり、ツヤがある

生きたものを調理するときは臭みがあるので、２～３日真水で泳がせ、泥を吐かせること。また調理の際に酒をかけるとおとなしくなり、ぬめりも取れる。

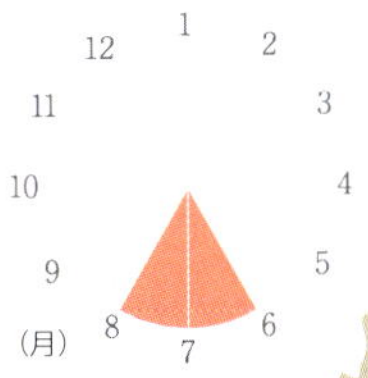

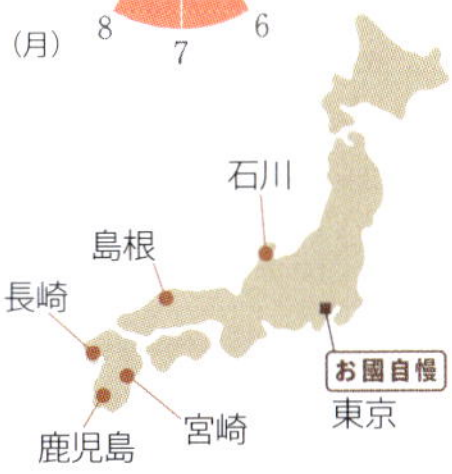

お國自慢

東京「柳川鍋」

ごぼうを入れるのは、アクの強いごぼうがドジョウの泥臭さを抑えてくれるから。江戸時代には、どちらも精のつくものとされていたため、夏バテ解消のために食べられていた。

食品成分表（可食部100gあたり）

エネルギー		79kcal
水分		79.1g
たんぱく質		16.1g
脂質		1.2g
炭水化物		微量
無機質	カルシウム	1100mg
	鉄	5.6mg
ビタミンD		4μg

骨ごと食べられるためカルシウム、鉄分の含有量が非常に多い。また、肌荒れ、眼精疲労の改善に効果的なビタミンB_2も多く含まれる。

とびうお

飛魚

Flyingfish

地方名：トビ（関西）ツバクロ（石川）

別名：アゴ

標準和名：ハマトビウオ（浜飛魚）

科：トビウオ科

生息域：世界中の暖海の表層に生息している。日本周辺では西日本から東シナ海に分布。

語源：その名のとおり、水中から飛び出し、胸ビレを広げて海面をすべる様子からというのが通説。

「アゴだし」で有名な水面を滑空する白身魚

淡白な味で塩焼きや照り焼きなどに向く魚ですが、九州や山陰地方では「アゴ」と呼ばれ、煮干しや練り製品によく加工されます。また、卵は「とびっこ」「とびこ」と呼ばれ、寿司ネタや珍味として重宝されています。

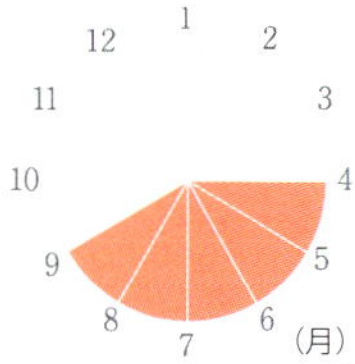

食品成分表（可食部100gあたり）

エネルギー	96kcal
水分	76.9g
たんぱく質	21g
脂質	0.7g
炭水化物	0.1g
無機質　リン	340mg
ビタミンD	2μg
ビタミンE（トコフェロールα）	2.3mg

脂質が少なく、たんぱく質が多い。リンやカルシウムなどのミネラル、ビタミンB群・Eを多く含む。

長崎 - ②

お國自慢

長崎「五島ちゃんこ」

九州や山陰地方で使われているアゴだしはそのまま煮立ててもえぐみが出ず、イワシの煮干しよりもおいしいとされている。また、九州のお正月のお雑煮には、このだしが欠かせない。

はも

鱧

Pike conger

地方名：ハム（広島、高知）ハモウナギ（鹿児島）

別名：ハミ

標準和名：ハモ

科：ハモ科

生息域：福島以南、東シナ海、黄海、インド洋、太平洋の100m以浅の砂泥底に生息。

語源：古名を「ハム」といい、かむ、食べるを意味した言葉。鋭い歯をもち、獲物や人に向かってくることから。

関西の大衆魚は関東の高級魚？

関東では高級魚として扱われているハモは、関西ではわりと日常的な魚で、スーパーでも売られています。脂がのっておいしいのですが小骨が多いため、包丁を細かく入れる「骨切り」という下処理が必要です。

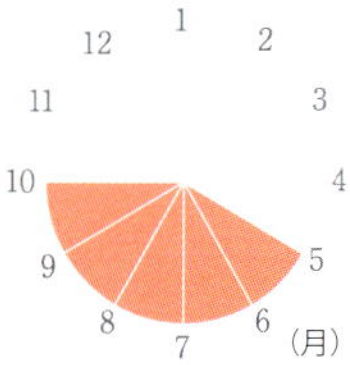

ハモの湯引き

お國自慢

京都「祇園祭」

京都の祇園祭は「ハモ祭り」といわれるほど、ハモを活用している。これは旬のおいしい魚のうち、京都に生きたまま運ばれるのは生命力が強いタコとハモだけだったため。

食品成分表（可食部100gあたり）

エネルギー	144kcal
水分	71g
たんぱく質	22.3g
脂質	5.3g
炭水化物	微量
ビタミンA（レチノール当量）	59μg
ビタミンD	5μg
ビタミンE（トコフェロールα）	1.1mg

ビタミンAが豊富。また、皮には老化防止に役立つコンドロイチン硫酸が多く含まれている。

えび

Kuruma-prawn

車蝦

別名：サイマキ（小型）、ホンエビ、マエビ

標準和名：クルマエビ（車海老）
科：クルマエビ科
生息域：クルマエビは北海道南部以南の各地内湾、ウシエビ（ブラックタイガー）は東京湾以南の太平洋側に生息。
語源：クルマエビは体を曲げた様子が車輪に似ていることから。イセエビはその名のとおり、伊勢湾で多く獲れたことから。祝儀によく用いられることから、伊勢神宮に結びつけてこの名になったとの説も。

うまみのある身が古くから愛されてきた

プリプリとした甘い身はどんな調理法にも合い、また、腰が曲がった姿と長いヒゲは長寿の象徴として、昔からお祝い事に用いられてきました。そんな日本での消費量は世界一で、養殖、輸入もさかんに行われており、一年中出回っている状態です。

車蝦《クルマエビ》

日本で食用とされるエビのほとんどがクルマエビ科。天然、養殖の割合は半々で、天ぷら、焼きものなど日本料理には欠かせない。

ブラックタイガー

ほぼすべてが輸入もので、スーパーや外食産業でもおなじみのエビ。黒っぽい体色だが、加熱するときれいな赤色に。

伊勢海老《いせえび》

姿、火を通したあとのきれいな赤色から、よく縁起物とされる高級エビ。食べられる部分は4割ほどだが、身はうまみがあり、プリプリしている。

大分 - ①

お國自慢 大分「姫島車エビ」

昭和30年代後半から塩田跡地を利用して始められた車えびの養殖。今では「姫島車エビ」の名前で全国に知られるブランド。

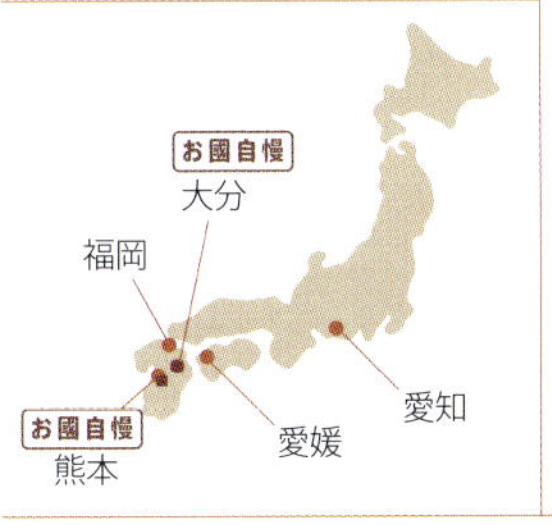

エビフライのコツ

揚げるとすぐ丸まってしまうことが気になる場合も、ちょっとしたコツでまっすぐ仕上げられる。腹に横の切り込みを4、5本入れて背中のほうに反り返らせるだけで揚がり具合が違うので、ぜひお試しを。

熊本 - ④

熊本の伊勢海老

天草の漁港で水揚げされる天然のイセエビは身が引き締まっており、刺身をはじめボイル、みそ汁などどんな形でも極上のうまみを堪能できる。

おいしい栄養

高たんぱくで低脂肪の食材。高血圧の原因となる血管障害を予防するタウリンを多く含む。殻と身には発がん抑制に役立つとされるアスタキサンチンが含まれ、さらに殻に含まれるキチン質には抗ガン作用や、腸内環境を正常化させる作用がある。

食品成分表
（クルマエビ / 養殖・可食部100gあたり）

エネルギー		97kcal
水分		76.1g
たんぱく質		21.6g
脂質		0.6g
炭水化物		微量
無機質	亜鉛	1.4mg
	銅	0.42mg
ビタミンE（トコフェロールα）		1.6mg

いか

Japanese common squid

鯣烏賊

地方名：マイカ（北海道、東北）ムギイカ（関東）マツイカ（関西）

標準和名：スルメイカ（須留女、寿留女）
科：アカイカ科
生息域：スルメイカは日本海、オホーツク海、東シナ海近海の表・中層に生息。コウイカは関東以西、東・南シナ海の大陸棚、沿岸。
語源：スルメイカは墨を吐いて群れをなしている様子から「墨群（すみむれ）」と呼ばれるようになり、それが転じて「スルメ」となった説が有力。加工品のスルメはこちらが語源。

淡白な身は加工食品でもおいしい

刺身、フライ、炒めものなど和洋中、さまざまな料理に利用され、スルメ、塩辛、くんせいなどの加工食品も多く、昔からなじみの深い食材です。漁獲量がもっとも多いスルメイカのほか、ケンサキイカ、コウイカ、ホタルイカなどが出回っています。

茶色が濃いもののほうが新鮮
黒目がくっきりしている

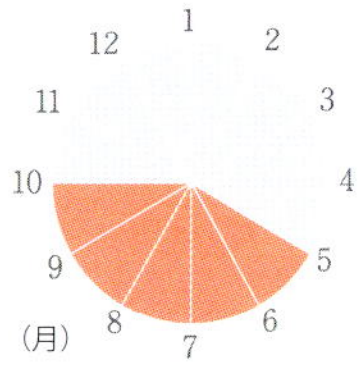

鯣《スルメ》烏《イ》賊《カ》

歯ごたえがよく、刺身やイカそうめんのほか、干してスルメや塩辛にも加工される。

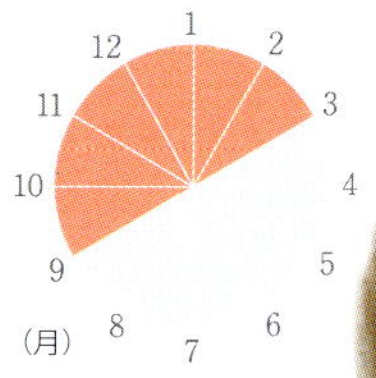

槍《ヤリ》烏《イ》賊《カ》

刺身や寿司ネタのほか、一夜干しに最適。同属のケンサキイカは人気が高く高値で取り引きされている。

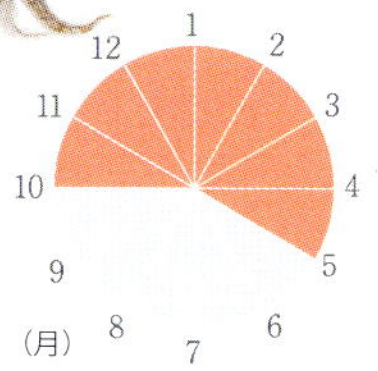

甲《コウ》烏《イ》賊《カ》

身に大きな甲が入っているのが特徴。肉厚な身でどんな料理にも向く。輸入ものでおなじみのモンゴウイカは、この仲間。

お國自慢 神奈川「三浦の船凍イカ」

釣りあげた直後にマイナス40℃以下の超低温で急速冷凍したイカ。鮮度がよく、刺身、焼きもの、煮ものなど調理法を問わずおいしい。

神奈川 - ②

おいしい栄養

成分としてのコレステロールは多めだが、コレステロール値を下げ、血圧を正常に保つタウリンが豊富。また、発育を促進し味覚を正常にする亜鉛や、血行をよくし新陳代謝を促すナイアシンなども含まれている。

食品成分表
（スルメイカ・可食部100gあたり）

エネルギー		83kcal
水分		80.2g
たんぱく質		17.9g
脂質		0.8g
炭水化物		0.1g
無機質	亜鉛	1.5mg
	銅	0.29mg
ビタミン	ナイアシン	4.0mg

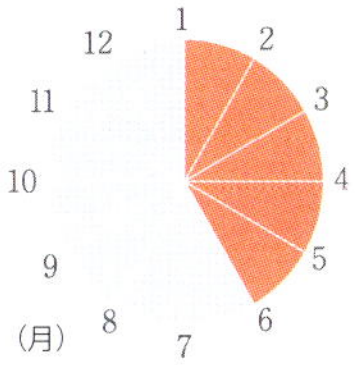

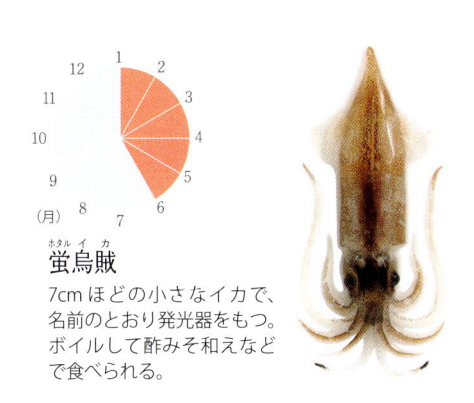

蛍《ホタル》烏《イ》賊《カ》

7cm ほどの小さなイカで、名前のとおり発光器をもつ。ボイルして酢みそ和えなどで食べられる。

お國自慢

富山「ホタルイカのしょうゆ漬け」

富山名物ホタルイカをていねいに下処理し、しょうゆに漬け込んだ珍味。大根おろしやゆずを添えて食べるとさらに風味が増し、日本酒との相性はバツグン。

富山 - ⑦

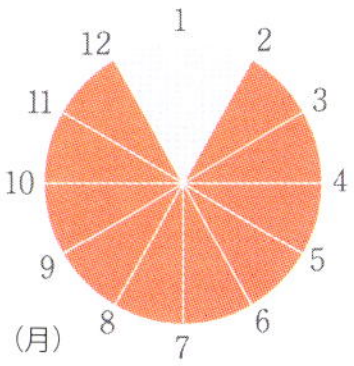

剣先《けんさき》烏《い》賊《か》

ヤリイカの仲間で、胴長 40 cmを超える。地方によって体形が異なる。うまみがあって、焼いてもやわらかい。

山口 - ①

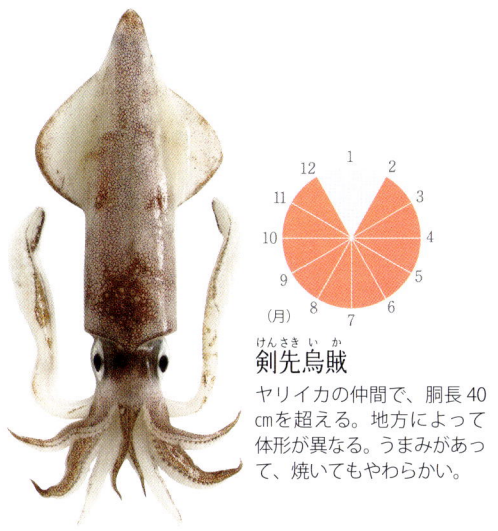

お國自慢

山口「下関北浦 特牛《こっとい》イカ」

角島沖合で釣られ、特牛漁港で水揚げされた最高級 A ランクのケンサキイカ。コリコリ、プリプリの肉厚な身は極上のうまみがあり、県内外で高評価を得ている。

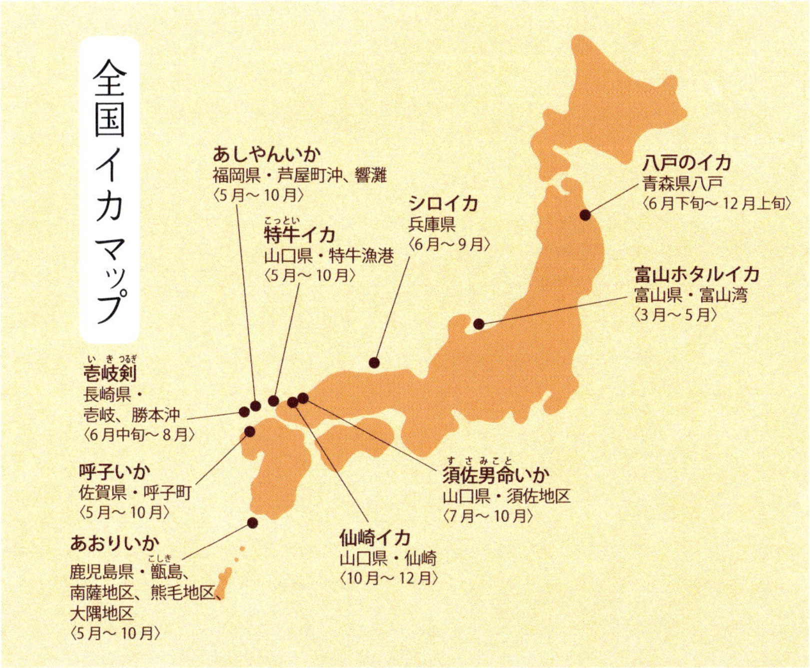

お國自慢

富山 - ⑦

富山「黒づくり」

イカスミを加えたイカの塩辛で、深いコクが味わえる。古くは保存食としてつくられ、今では酒の肴、ご飯のお供にぴったりの珍味として親しまれている。

たこ

蛸

Octopus

別名：イシダコ

標準和名：マダコ（真蛸、真章魚）
科：マダコ科
生息域：日本では常磐と能登半島以南の日本各地に分布。
語源：その姿を「多股（たこ）」と表したとの説や、「た」は手、「こ」はたくさんの意味があり、つなげて「たこ」と呼ばれるようになった説、手（足）が多いことから「手許多（てこころ）」と呼ばれ、それが転じたとする説などがある。

食感も栄養も日本人には大人気

海外ではあまり食べる習慣がないようですが、日本では弥生時代から好まれています。その人気ゆえ、世界で水揚げされるものの約6割は日本人が食べているほど。おもな食用ダコは、マダコ、ミズダコ、イイダコなどで、アフリカや中国からの輸入もさかんです。

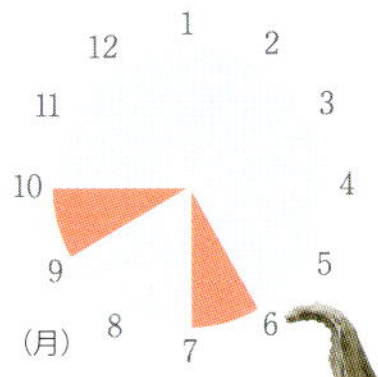

皮がはがれていないもの

ゆでダコの場合、濃いあずき色のものは国産、ピンクがかった赤色のものはアフリカ産などの輸入もの

真蛸《マダコ》

もっとも一般的なタコで漁獲量も多かったが、現在は激減し輸入ものが増えた。日差しが強くなって漁師が麦わら帽子をかぶりだす夏に旬を迎えることから、「麦わらダコ」という旬の呼び名がある。

熊本 - ②

お國自慢　熊本「たこめし」

獲れたタコや干しダコを使ってつくられ、風味豊かなタコが味わえる熊本の郷土料理。タコの町として知られる有明町では、どの飲食店でも注文できる定番メニューとなっている。

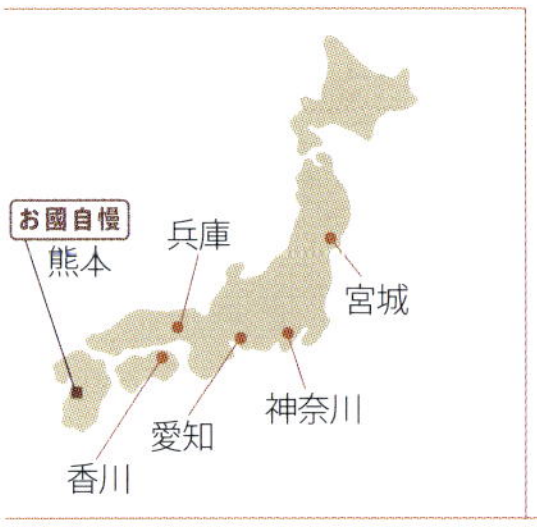

熊本「干しダコ」　お國自慢

うまみが濃縮された干しダコはみそやしょうゆと合わせれば保存食に。また、戻してきんぴらやたこめしにと、さまざまな料理に使える万能加工品。

熊本 - ③

おいしい栄養

血圧やコレステロール値を下げ、肝機能を高める効果があるタウリンが豊富。また、口内炎、肌荒れ、目の充血などの症状に効果的なビタミンB_2、食欲減退、冷え性、頭痛などの原因となる脳神経の働きを助け、血行をよくするナイアシンが含まれる。さらに、味覚障害に効果が期待できる亜鉛も多く含む。

食品成分表
（マダコ・可食部100gあたり）

エネルギー		76kcal
水分		81.1g
たんぱく質		16.4g
脂質		0.7g
炭水化物		0.1g
無機質	鉄	0.6mg
	亜鉛	1.6mg
	銅	0.3mg
ビタミンB_2		0.09mg
ビタミン	ナイアシン	2.2mg

あわび

Japanese abalone

鮑

別名：メンガイ、オンガイ、アオガイ

標準和名：クロアワビ（黒鮑）
科：ミミガイ科
生息域：茨城以南から九州沿岸の、干潮帯付近から水深20mほどの岩礁に生息。
語源：諸説あるが、殻が一枚しかなく殻同士が合わないので「不合肉（アハヌミ）」と呼ばれていたのが転じて「あわび」となったとの説が有力。

食感、うまみはだれもが認める貝の王様

食感が魅力のアワビは、こう見えて巻き貝の一種です。日本ではおもにクロアワビ、エゾアワビ、マダカアワビ、メガイアワビの4種類が出回っています。刺身のほか、煮貝にしても身がやわらかくなっておいしく味わえます。

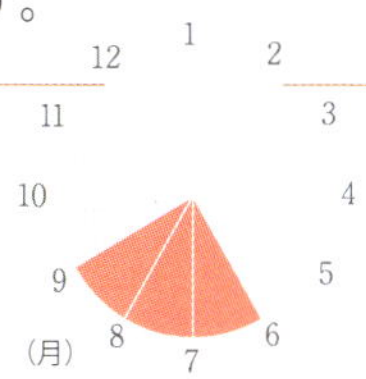

食品成分表（可食部100gあたり）		
エネルギー		73kcal
水分		81.5g
たんぱく質		12.7g
脂質		0.3g
炭水化物		4g
無機質	亜鉛	0.7mg
	銅	0.36mg
ビタミンB_{12}		0.4μg

高たんぱく、低カロリー。亜鉛、鉄、銅などのミネラルのほか、ビタミンB群を豊富に含む。

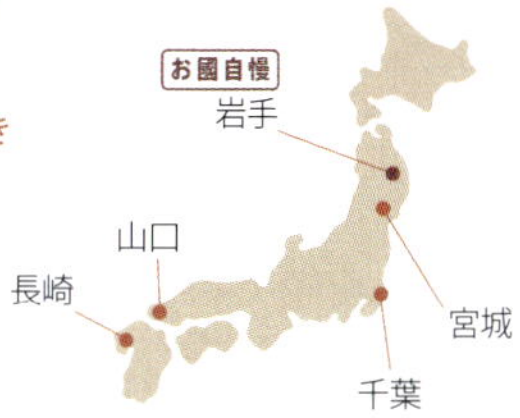

岩手「鮑としろ」 お國自慢

三陸の海の幸、アワビの肝を使った塩辛。かめばふっくらとした食感と磯の香りが口の中に広がる、お酒にぴったりの逸品。

岩手 - ⑫

しじみ

Corbicula

蜆

地方名：ホリカイ（岡山）スズメガイ（九州）
別名：ヒジメ

標準和名：ヤマトシジミ（大和蜆）
科：シジミ科
生息域：日本各地の河口域、汽水湖沼に生息（ヤマトシジミ）。
語源：殻が、柄が縮んだような模様のため「ちぢみ」と呼ばれていたのが転じて「しじみ」となった。

小さな貝に肝機能を高める栄養がたっぷり

みそ汁でおなじみのシジミは「土用シジミ、寒シジミ」と呼ばれるように、旬が夏と冬の2回あります。国産の大部分を占めるのは夏が旬のヤマトシジミで、冬が旬のマシジミは漁獲量が少なく、あまり出回りません。

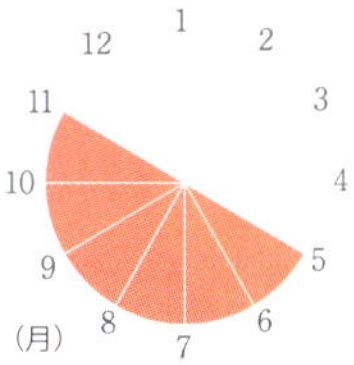

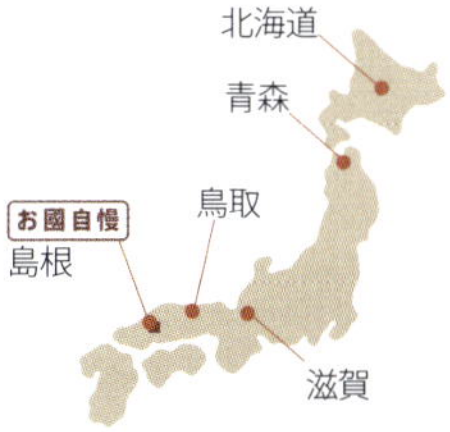

お國自慢 島根「シジミ汁」

シジミの水揚げ量全国一の宍道湖をはじめ、産地を中心に広まったシジミ汁。栄養バランスがよく、とくに二日酔いに効くといわれ、今では全国の家庭料理になっている。

食品成分表（可食部100gあたり）		
エネルギー		64kcal
水分		86.4g
たんぱく質		7.5g
脂質		1.4g
炭水化物		4.5g
無機質	カルシウム	240mg
	鉄	8.3mg
	亜鉛	2.3mg
ビタミンB_{12}		68.4μg

肝機能を高めるタウリンが豊富。また、貧血予防に役立つ鉄やビタミンB_{12}も多く含まれる。

うに

海胆

Sea urchin

別名：シロ、ガゼ、アカ

標準和名：エゾバフンウニ（蝦夷馬糞海胆）
科：オオバフンウニ科
生息域：太平洋側は福島以北、日本海側は山形以北。
語源：食せる部分は「胆（きも）」としてとらえられており、海の胆（海胆）となった。

濃厚な甘みととろける食感がクセになる

ウニは棘《きょく》皮《ひ》動物で、発達した生殖巣部分を食用とします。おもに市場に出回るのは生殖巣が、濃いオレンジ色をしたエゾバフンウニと明るい黄色をしたキタムラサキウニです。とろけるような口当たりとうまみは、生食はもちろん、加熱調理でも堪能できます。

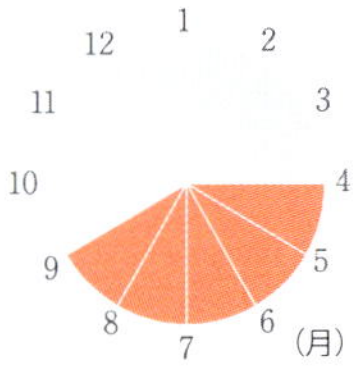

蝦《エ》夷《ゾ》馬《バ》糞《フン》海《ウ》胆《ニ》

国内産でもっともよく獲れる種。トゲは赤褐色で、中の身は濃いオレンジ色。味は濃厚で甘みが強い。

北《キタ》紫《ムラサキ》海《ウ》胆《ニ》

トゲは黒っぽく身は明るい黄色。味もエゾバフンウニよりあっさりしており、やわらかめ。

青森-①

レシピ「いちご煮」

材料（4人分）

ウニ…300g
アワビ（下処理済みのもの）…100g（薄切り）
だし汁…4カップ
塩・酒…各適量
大葉…2枚（せん切り）

作り方

1. 鍋でだし汁を煮立て、ウニを加える。浮いてくるアクを取り除く。
2. 酒、塩を加え味を調える。味が薄いようなら好みでしょうゆ（分量外）を足す。ウニが丸まってきたらアワビを加え、火を止める。
3. 椀に盛り、大葉をちらす。

おいしい栄養

髪の毛、皮膚、粘膜の健康を保つビタミンA、血行をよくしてシミを防ぐ働きのあるビタミンE、目の充血や肌荒れに効果的なビタミンB_2などが豊富。またウニに含まれるエキネノンやエキノクロールAという色素にはビタミンAと同じ働きがあり、免疫力を上げる効果がある。

食品成分表（可食部100gあたり）

エネルギー	120kcal
水分	73.8g
たんぱく質	16g
脂質	4.8g
炭水化物	3.3g
無機質　亜鉛	2mg
ビタミンA（レチノール当量）	58μg
ビタミンE（トコフェロールα）	3.6mg
ビタミンB_2	0.44μg
葉酸	360μg

岩手-⑨

お國自慢

岩手「たねいちのウニ」

洋野町種市は岩手屈指のウニ養殖がさかんな町。旬を迎える7月には、ウニの魅力を満喫できる「たねいちウニまつり」が開催され、種市地区のあちこちに生ウニ丼を出すお店が増える。

こんぶ

昆布

Kelp

別名：リシリコンブ

標準和名：リシリコンブ
科：コンブ科
生息域：北海道を中心に、三陸海岸などにも分布。
語源：アイヌ語でコンブを意味する「コンプ（konpu）」が語源とされる。平安時代までは、幅の広い海藻の意味で「広布（ひろめ）」と呼ばれていた。

うまみのあるだしが魅力の海藻のキング

だし以外にもこぶ巻き、煮ものにも使われる万能海藻。日本ではマコンブ、ヒダカコンブ、リシリコンブ、ラウスコンブなどいろいろな種類が獲れます。いずれも夏に刈り取り、乾燥して出荷するもので、酢コンブやとろろコンブなどの加工品にもされます。

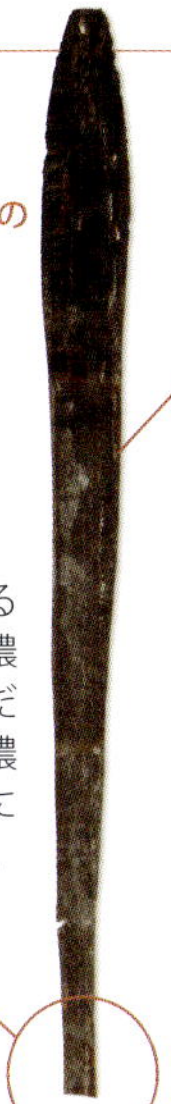

羅臼昆布《ラウスコンブ》

おもにだしをとるのに利用され、濃厚でコクのあるだしが出る。色も濃く出るので料理によって使い分けを。

利尻昆布《リシリコンブ》

料亭などで使われる高級品。香りのよい澄んだだしがとれる。食べるにはかたい。

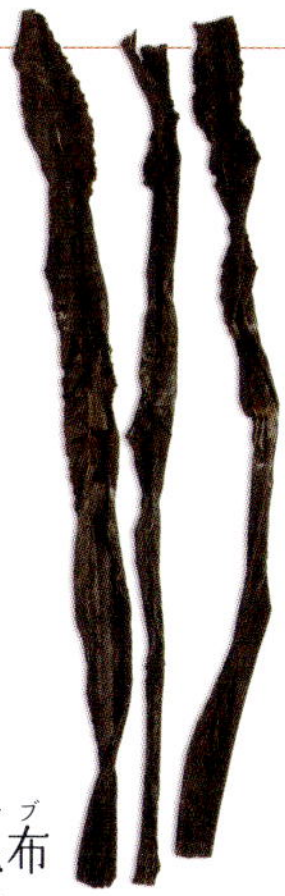

日高昆布《ヒダカコンブ》

標準和名はミツイシコンブという。手ごろな価格で手に入るが味もよく、よいだしもとれる万能選手。

北海道「がごめコンブ」

道南地区の浜に生息するコンブ。でこぼこした表面が、かごの目に似ていることが名の由来。粘りが強く、とろろ昆布やおぼろ昆布などに加工される。

お國自慢

岩手 - ⑬

岩手「普代《ふだい》村のコンブ」

三陸海岸の荒波で育ったコンブは肉厚で食べごたえがある。県内で有数の産地である普代では、コンブはもちろん、すきコンブも特産品として全国的にも知られており、コンブクッキーやコンブかりんとうなどは、土産ものとして観光客に喜ばれている。

富山「昆布締め」 お國自慢

サヨリ、シロエビなどの魚介類をこぶ締めして熟成させた富山の郷土料理。うまみが素材に移り、味わい深いおいしさになる。そのほかにも消費量日本一の富山では、ニシンのコンブ巻きや、とろろコンブおにぎりなども家庭で親しまれている。

富山 - ④

おいしい栄養

カルシウムやナトリウム、鉄を多く含む。また、海藻類からしかとれないヨードが多く含まれている。ヨードは甲状腺ホルモンの分泌を促し、新陳代謝をよくするほか、皮膚や髪の毛を健康に保つ作用がある。そのほか、便秘予防や整腸作用がある食物繊維も豊富。

食品成分表
（リシリコンブ・可食部100gあたり）

エネルギー		138kcal
水分		13.2g
たんぱく質		8g
脂質		2g
炭水化物		56.5g
無機質	カリウム	5300mg
	カルシウム	760mg
	マグネシウム	540mg
	リン	240mg
ビタミンA（レチノール当量）		71μg

川魚いろいろ

美しく清らかな川が流れる日本には川魚がいっぱい

日本には多くの清流があり、そこにはアユをはじめたくさんの川魚が生息し、旬を迎える6月から8月ごろには大勢の釣り人でにぎわいます。刺身、塩焼き、煮つけなどそれぞれの魚に合った料理法があり、清流付近の地元には川魚を使った郷土料理が多く存在します。

雨子《アマゴ》

日本固有の魚で、ヤマメに似ているが、体側に朱点があって美しい。クセのない淡白な身で塩焼きや甘露煮などにされる。カルシウムの吸収を助けるビタミンDを多く含む。

三重-①

三重「アマゴ料理」

津市など中南勢地域をはじめとする清らかな流域で釣れるアマゴは「淡水魚の女王」と呼ばれる。地元では天ぷらや塩焼きなどおいしい料理を楽しめる。

虹鱒《ニジマス》

日本の天然ニジマスはアメリカから輸入、放流された陸封型の魚。しかし北米には降海型もおり、養殖ニジマスは海水と淡水で養殖するものがある。塩焼きのほかにくんせいにすることも多い。カルシウム、ビタミンB_1、EPAやDHAなどの不飽和脂肪酸が含まれる。

岩魚《イワナ》

日本の淡水魚のなかでも標高の高い川に生息している。天然ものは幻の魚といわれるほど貴重。やわらかい肉質は、煮ても焼いてもおいしい。脂質が少なく低カロリー。ビタミンEが含まれているため、体内で抗酸化の働きが期待できる。

レシピ ニジマスの手づくり甘露煮

ぬめりとハラワタをとったニジマスを色よく焼く。鍋にニジマス、水2カップ、酒、しょうゆ各大さじ2、砂糖大さじ1、梅干し1個を入れ、落としぶたをして弱火で30分ほど煮る。水飴小さじ1を加え、水分がなくなるまでじっくり煮詰める。

鮒《フナ》

各地の池や小川に生息し、日本では古くから食用とされてきた魚。コイよりも小ぶりでヒゲがないのが特徴。甘露煮や煮びたしのほか、滋賀県大津の「フナ寿司」が有名。高たんぱく、低脂肪で貧血予防に役立つ鉄、新陳代謝を促す亜鉛が豊富。

秋を味わう

―季節と地域の魅力を知ろう―

あまだい

甘鯛

Tilefish

別名：グジ、クズ、ビタ

標準和名：アカアマダイ（赤甘鯛、赤尼鯛）
科：アマダイ科
生息域：本州中部から東シナ海、南シナ海に分布。水深 20 ～ 150m の砂泥底に生息。
語源：漢字のとおり、甘みのある魚、タイより甘い魚との意味。ほかにも、ほっかむりをした尼の姿に似ているため「尼鯛」と呼ばれたとの説もある。

関西ではメジャーな高級魚

アマダイはタイの仲間ではなく、名に「タイ」とつく、いわゆる「あやかり鯛」の一種です。関東ではあまりなじみがありませんが、京都では「グジ」と呼ばれ、京料理に欠かせない高級魚です。身はやわらかく、おもにかす漬けや干物にされます。

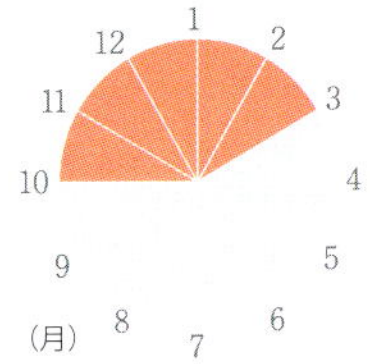

赤甘鯛《アカアマダイ》

白身でやわらかい肉質は焼きものや蒸しものに。加熱すると甘みとうまみが増す。干物としても多く流通している。

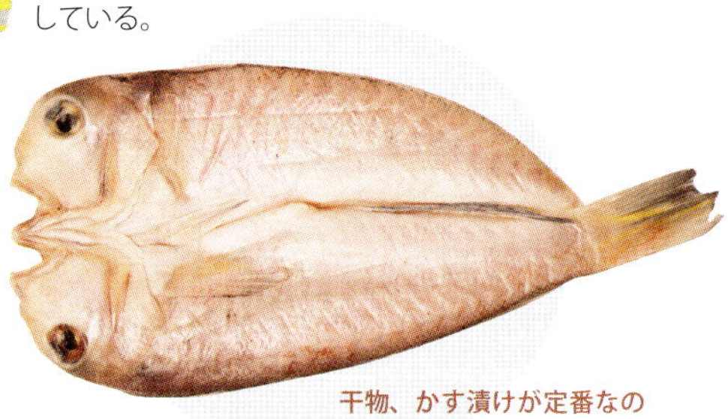

干物、かす漬けが定番なのは、昔の運搬技術では、生での運搬が難しかったため

お國自慢

福井「若狭ぐじ」

福井 - ①

若狭湾で獲れ、300 g 以上で形が美しいなど、厳しい基準をクリアしたアカアマダイだけが高級魚「若狭ぐじ」に。甘みのある身は絶品で、うろこごと焼いた「若狭焼き」が有名。

白甘鯛《シロアマダイ》

アマダイ類でもっとも高値で取り引きされていたが、近年は輸入ものも多く手ごろになった。甘み、うまみともにバツグン。

アマダイのおいしい順は？

アマダイと呼ばれるのはおもにシロアマダイ、アカアマダイ、キアマダイの 3 種類。一般的にこの順においしいといわれている。

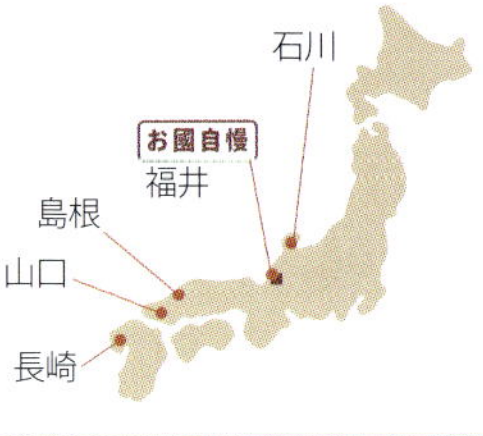

おいしい栄養

アマダイは水分が多く、脂質分が少ないので、さっぱりしていて消化がよい。また、味覚障害や肌荒れ、抜け毛予防に役立つ亜鉛や、血液の合成に関与する銅なども多く含む。

食品成分表（可食部100gあたり）

エネルギー		113kcal
水分		76.5g
たんぱく質		18.8g
脂質		3.6g
炭水化物		微量
無機質	カルシウム	58mg
	亜鉛	0.3mg
	銅	0.02mg
ビタミンD		1μg
ビタミンE（トコフェロールα）		1.3mg

いわし

鰯

Sardine

地方名：ヒラ（宮城）
ナナツボシ（東北）
オオイワシ（近畿、九州）

標準和名：マイワシ（真鰯）
科：ニシン科ニシン亜科
生息域：日本近海を中心に広く分布。大きな群れをつくり季節ごとに回遊する。
語源：イワシは水を離れたらすぐ死んでしまうことや、ほかの魚のエサになりやすいことから、その漢字どおり「弱し（ヨワシ）」が語源に。「鰯」という漢字も平安時代から使われている。

いわずと知れた青魚の代表格

日本のイワシはおもに3種類あり、マイワシはもっとも漁獲量が多く、スーパーで見かけるもののほとんどを占めます。ウルメイワシは干物にされることが多く、カタクチイワシは稚魚がシラス干しやたたみイワシに、若魚が煮干しや佃煮などの加工食品にされます。

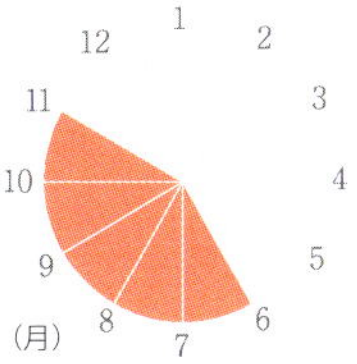

真《マ》鰯《イワシ》

もっとも多く流通しているイワシ。体側に7つ前後の黒い点があるのが特徴。傷みやすいので早めの調理を。

お國自慢

愛知「魚醤・しこの露」

愛知-①

伊勢湾で獲れた新鮮なカタクチイワシを原料に、化学調味料をいっさい使わずつくられた天然調味料。豊浜をはじめとする地域の料理店、旅館で隠し味として重宝されている。

片《カタ》口《クチ》鰯《イワシ》

ほかのイワシと異なり旬は春。チリメン、たたみイワシ、メザシ、煮干しなど多くの加工品の材料となっている。

潤《ウル》目《メ》鰯《イワシ》

その名のとおり大きく潤んだような目をしている。生よりも干物などの加工品として売られることが多い。

お國自慢

千葉「丸干し」

獲れたてのマイワシを塩漬けにし、天日で半日ほど干したもの。江戸時代から引き継がれる地場産業で、生産量は日本一。

千葉-⑧

イワシの定番加工品

メザシ

食塩水につけて干したもの。焼いて食べる。カルシウムの宝庫。

シラス干し

カタクチイワシ、マイワシの稚魚を蒸して乾燥させたもの。シラス干しをさらに乾燥させるとチリメンジャコになる。

アンチョビ

頭と内臓を取り除き、塩づけして煮て、オイルづけにしたもの。

おいしい栄養

イワシは、「イワシは百匹、頭の薬」といわれるほど栄養満点の魚。脳細胞の成長を活性化させるDHAやEPAはもちろん、骨や歯を強化し、骨《こつ》粗《そ》鬆症《しょうしょう》の予防に効果のあるカルシウム、健康な皮膚や髪、爪をつくるためのビタミンB_2、カルシウムの吸収を助けるビタミンDなどが豊富に含まれている。

食品成分表
（マイワシ・可食部100gあたり）

エネルギー		169kcal
水分		68.9g
たんぱく質		19.2g
脂質		9.2g
炭水化物		0.2g
無機質	カルシウム	74mg
	鉄	2.1mg
ビタミンE（トコフェロールα）		2.5mg

かじき

舵木

Swordfish

別名：カジキマグロ

標準和名：マカジキ（真舵木）
科：マカジキ科
生息域：南日本。三陸沖、銚子から八丈島付近。インド洋、太平洋の熱帯、温帯域。
語源：船の底材（梶木）をも突き通すくちばしをもつため「梶木通し」と呼ばれていたのが、略されてカジキとなった。

刺身、ソテーなど どんな料理にも合う白身魚

キリのような長い上アゴが特徴的で、「カジキマグロ」とも呼ばれていますが、マグロとは別種の魚です。また、「カジキ」は特定の種の名前ではなく、メカジキ科とマカジキ科の魚をさします。身はやわらかく淡白で、刺身やステーキなど幅広い料理に使える魚です。

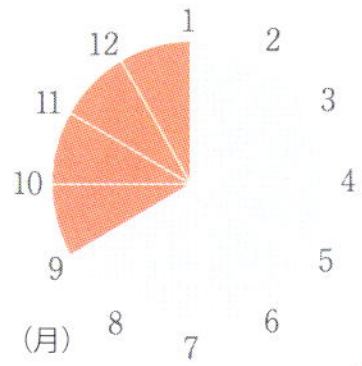

真舵木《マカジキ》
大型になると3～4m、
重さ600kgにもなる

脂がツヤツヤと
輝いているもの
血合が濁らず
鮮やかなもの

メカジキの切り身

船上で切り落とされる上アゴ

船上で暴れると危険なため、船上に釣りあげられるとすぐに上アゴを切り落とされる。そのため上アゴがついたものは市場に並ばない。

おいしい栄養

高たんぱくで低脂肪のヘルシーな魚。ナトリウムの排出を促す作用のあるカリウムを多く含む。また、口内炎や肌荒れを改善する効果のあるビタミン B_6 や、血液の循環を促進し、皮膚の健康を保つナイアシンなども含まれている。

食品成分表（可食部100gあたり）

エネルギー	115kcal
水分	73.8g
たんぱく質	23.1g
脂質	1.8g
炭水化物	0.1g
無機質　鉄	0.6mg
ビタミン B_6	0.44mg
ビタミンE（トコフェロールα）	1.2mg

かます

魳

Barracuda

地方名：ヒュウヒュウ（和歌山）
シャクハチ（和歌山、島根）
別名：アカカマス

標準和名：アカカマス（赤叺、赤梭子魚）
科：カマス科
生息域：琉球列島を除く南日本から東・南シナ海に分布。
語源：その大きく裂けた口が、農作物を入れる口の広い袋「叺（かます）」に似ているため。

干物や塩焼きが絶品の魚

カマスは全長30～50㎝の、細長くスマートな白身魚です。旬になると脂がのり、身がやわらかくなるので、刺身や塩焼きなどでよく食べられています。また、加工食材としても重宝され、干物や練りものも有名です。

食品成分表（可食部100gあたり）

エネルギー		148kcal
水分		72.7g
たんぱく質		18.9g
脂質		7.2g
炭水化物		0.1g
無機質	カリウム	320mg
	カルシウム	41mg
	リン	140mg
	亜鉛	0.5mg
	銅	0.04mg

白身魚のなかではカルシウムが多く、ほかにも、亜鉛、リン、カリウム、銅なども豊富に含まれる。

25㎝前後のものが美味とされる。
なるべく大きいものを選ぶ

調理法は大きさしだいで

カマスは大きくなるほど脂がのっておいしくなる魚。ゆえに、大きさによって料理法を変えるのがおすすめ。小さいものは丸干し、20cm以上は開き干し、30cm前後は脂がのるので塩焼きや煮つけ、40cm前後のものは刺身に。

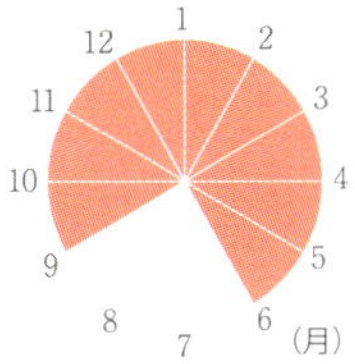

かわはぎ

皮剥

Threadsail filefish

地方名：スブタ（名古屋）
ギュウ（和歌山、瀬戸内）
ゲンバ（千葉）、ハゲ（西日本）

標準和名：カワハギ
科：カワハギ科
生息域：北海道以南から東シナ海の200m以浅の沿岸、砂底に生息。
語源：皮が厚くざらざらしており、はいで調理する必要があるため「皮剥（かわはぎ）」の名がついた。

名前のとおり皮をはいでから調理する

釣り魚としても人気のカワハギ。淡白で歯ごたえのある身は、フグに匹敵するほどおいしいといわれています。また、肝は独特のうまみと苦みがあり、珍味として刺身の肝和えや酒蒸しにして食べられています。

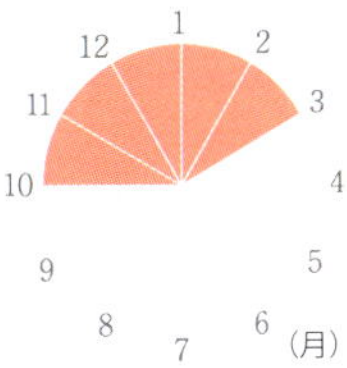

食品成分表（可食部100gあたり）

エネルギー	80kcal
水分	79.9g
たんぱく質	18.8g
脂質	0.1g
炭水化物	微量
ビタミン B_6	0.45mg
ビタミンD	43μg
ビタミンE（トコフェロールα）	0.6mg

カルシウムの吸収を高めるビタミンD、脂質を分解してエネルギー代謝を高めるビタミンB群が豊富。

肝のおいしい使い方

新鮮な肝は、すりつぶして薬味やしょうゆと混ぜて「肝じょうゆ」をつくり、刺身につけて食べる。これを食べたくて肝がおいしくなる冬場に釣りをする人も多い。肝は鍋の具材にも欠かせない。

きちじ

地方名：メンメ（北海道）
キンキ（東京）、アカジ（千葉）

Shortspine-channel rockfish

喜知次

標準和名：キチジ（金魚、黄血魚、吉次）
科：フサカサゴ科
生息域：駿河湾から千島列島の太平洋側。水深150～1200mの大陸棚斜面に生息。
語源：体色が吉兆を示す朱色をしていることから「吉魚（きちじ）」と呼ばれ転じた説、黄色い血の色という意味の「黄血（きち）魚（じ）」が由来とするとの説がある。

たっぷりのった脂には甘辛い味つけが好相性

関東では「キンキ」の名でなじみのある魚ですが、正式名称は「キチジ」という、カサゴの仲間。定番の煮つけ料理以外にも、干物やかす漬けにしてもおいしい魚です。近年は漁獲量が減り、高級魚として取り引きされています。

煮つけなどをつくる場合、皮と身の間にうまみがあるので、皮はたわしでこする程度に。

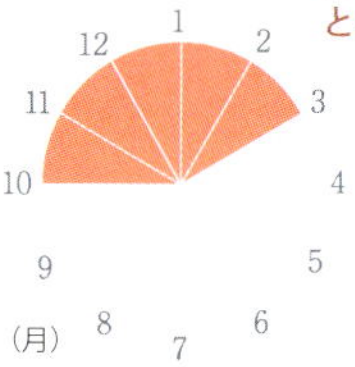

食品成分表（可食部100gあたり）	
エネルギー	262kcal
水分	63.9g
たんぱく質	13.6g
脂質	21.7g
炭水化物	微量
ビタミンA（レチノール当量）	65μg
ビタミンD	4μg
ビタミンE（トコフェロールα）	2.4mg

動脈硬化症の予防に有効なEPAが豊富。また、生殖機能を維持する作用があるビタミンEを多く含む。

宮城 - ②

お國自慢

宮城「笹かまぼこ」

意外と知られてないが、小型のキンキは仙台名物の「笹かまぼこ」の原料にもなっている。（P17）

くえ

地方名：アラ（九州）
モロコ（大型魚・伊豆諸島）

Grouper, Rock-cod

九絵

標準和名：クエ（九絵）
科：ハタ科
生息域：南日本から南シナ海まで分布。沿岸の浅い所から深い岩礁域に生息。
語源：成魚になると縞模様が不明瞭で薄汚くなることから、アカで汚れるという意味の「垢穢（くえ）」が由来とされる。

ハタの仲間でもっともうまい超高級魚

全長150㎝ほどの大型種にもかかわらず、身は締まっており、ハタ類のなかでも味がよいとされています。それゆえ市場では、1尾100万円近くで取り引きされることも。刺身、煮つけのほか、鍋ものも有名です。

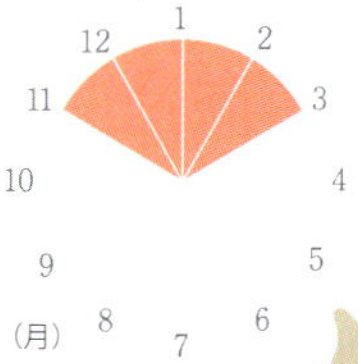

お國自慢

和歌山「クエの水鍋」

ぶつ切りにしたクエと白菜、長ねぎ、豆腐などをだしで煮込み、ポン酢やしょうゆにつけていただく、寒い冬にぴったりの鍋。薬味にもみじおろしを入れてもおいしい。

和歌山 - ①

さけ

鮭

Chum salmon

地方名：シャケ（東京）アキアジ、トキシラズ、トキザケ（北海道、東北）

標準和名：サケ
科：サケ科
生息域：シロザケは、日本では太平洋側では利根川以北、日本海側では山口以北の川に上る。
語源：身が裂けやすいことから「裂ける」が転じた説、アイヌ語で「夏の食べもの」を意味する「サクイベ」「シャケンベ」が転じた説、肉の色が酒に酔ったように赤いことからなど、諸説ある。

世界中で愛される庶民の味方

世界中で食べられているサケですが、日本はなんと世界の漁獲量の3分の1を消費しているほどサケ好きの国。私たちにもっともなじみ深いのはシロザケで、ほかにもベニザケ、キングサーモンなどさまざまな種類が食用とされ、輸入もさかんです。

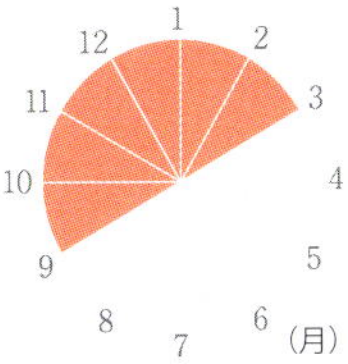

紅鮭《ベニザケ》

サケのなかでももっとも身が濃い紅色をしている。塩鮭のほか、くんせいや缶詰にもなる。

白鮭《シロザケ》

日本人がもっとも多く食べているサケ。身は淡い朱色で、焼く、揚げる、鍋にする、などどんな調理にも合う。

できるだけ色の濃いものを。身がゆるんでいるもの、時間のたったものは色が白っぽい

サケの呼び名

漁獲時期や成熟度によって呼び名がさまざま。おもに秋に遡上する一般的なものをアキアジ（秋味）と呼び、初夏に水揚げされるものをトキシラズ（時不知）、さらに成熟前の状態で捕獲された若いものをケイジ（鮭児）と呼ぶ。

銀鮭《ギンザケ》

国産だと養殖ものがほとんど。塩鮭やおにぎりの具として流通することが多い。

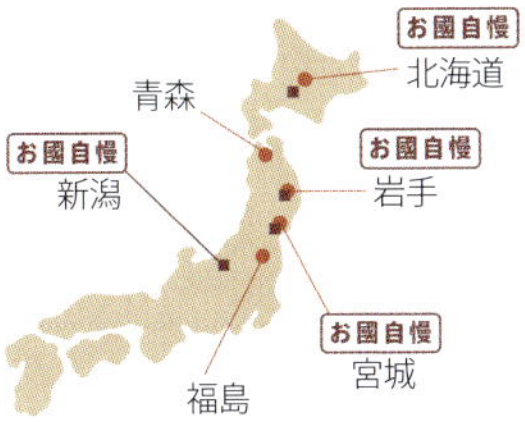

サーモントラウトって？

近年よく目にするようになったサーモントラウト。じつは自然界にもともといたサケではなく、養殖用の品種として人工的に生み出されたもの。脂ののりがよく、生食もできるので大人気。

おいしい栄養

生活習慣病の予防に役立つEPAやDHA、またビタミンも豊富。カルシウムの吸収を高め、骨粗鬆症《こつそしょうしょう》の予防や筋肉の機能を維持するビタミンD、口内炎や髪のトラブルに役立つビタミンB_2、アレルギー症状の改善に効果のあるビタミンB_6を含んでいる。

食品成分表
（シロサケ・可食部100gあたり）

エネルギー	133kcal
水分	72.3g
たんぱく質	22.3g
脂質	4.1g
炭水化物	0.1g
ビタミンB_1	0.15mg
ビタミンD	32μg
ビタミンE（トコフェロールα）	1.2mg

レシピ 北海道「石狩鍋」

材料（4 人分）

生ザケ…4 切れ（半分に切る）
焼き豆腐…1 丁（4 等分に切る）
たまねぎ…1 個（半月切り）
ごぼう…1/2 本（皮をむきささがきにする）
にんじん…1/2 本（皮をむき輪切り）
こんにゃく…2/3 枚

A
だし汁…4 カップ
赤みそ…70g
白みそ…30g
みりん…大さじ 3
酒…大さじ 2
バター…10g

作り方

鍋に A を入れ、煮立ったらバター以外を入れ火を通す。食べる直前にバターを落とす。

北海道 - ①

お國自慢

北海道「鮭節」

サケを原料に、かつお節とほぼ同じ製法でつくられ、うまみ成分のグルタミン酸はかつお節の約 6 倍も含む。通常あまり流通することのない、川を遡上する脂の抜けたブナザケを活用したもの。

お國自慢

宮城「はらこめし」

サケの身をしょうゆ、砂糖、酒で煮込んでほぐし、ご飯と合わせて器に盛る。その上にイクラや切り身をきれいに盛ったどんぶり。仙台市亘理町荒浜地区が発祥の地とされている。

宮城 - ②

岩手 - ③

お國自慢

岩手「宮古鮭まつり」

サケのつかみどりをはじめ、サケ汁の無料配布、イクラの即売会も行われる。格安販売されるサケと新巻きザケはとくに人気が高い。

新潟 - ①

お國自慢

新潟「サケの酒びたし」

塩引きサケを 1 年がかりで乾燥発酵させてから薄くスライスしたもの。そのままでもおいしいが、昔は酒をかけて食べることが多く、この名がついた。うまみが凝縮された酒びたしからは引き継がれてきた独特の伝統製法を感じとれる。

お國自慢

新潟「鮭の氷頭《ひず》なます」

頭の軟骨を薄切りにして、甘酢の大根おろしとゆずを少量和え、イクラを加えたもの。コリコリの食感は、一度食べたらやみつきに。

新潟 - ①

新潟 - ①

お國自慢

新潟「笹寿司」

戦国時代に上杉謙信と武田信玄の合戦で、器代わりに笹の葉を使ったのがはじまりとされる笹寿司は、クマザサの葉に寿司飯を盛り、サケや山菜をのせたもの。現在では、祭事やもてなしの際に食べる郷土料理として、新潟全域で親しまれている。

定番・サケの加工品

新巻ザケ

ハラワタを除き、塩をふって寝かせ、塩抜きしてから干したもの。

イクラ、すじこ

サケの卵巣をひと粒ずつ離して塩蔵したもの。すじこは卵巣をそのまま塩蔵したもの。

スモークサーモン

サケの身をくんせいにしたもの。キングサーモンがいちばんおいしいとされている。

缶詰

塩をふり水煮にしたもの。中骨まで食べられるものもある。たくさん獲れて安価なカラフトマスを使うことが多い。

さば

鯖

Scomber japonicus

地方名：ヒラス（長崎）

別名：ホンサバ、ヒラサバ

標準和名：マサバ

（斑葉魚、真鯖、小歯、狭歯、青魚、青花魚）

科：サバ科

生息域：マサバ…日本列島近海、世界中の亜熱帯・温帯海域に分布。

語源：歯が小さいことから「小歯（さば）」、「狭歯（さば）」を由来とする説が有力。群れをなして生息するため、数が多いことを意味する古語「サハ」が濁音化したという説もある。

みそ煮、塩焼き ご飯に合うおかず魚

サバは、アジやイワシ同様に日本人にはなじみのある青魚です。一年中獲れますが、脂ののる秋サバはおいしさに定評があります。やわらかい身はうまみが強く、新鮮なら刺身も美味。とにかく傷みの早い魚なので、みそ煮や塩焼きなどの加熱料理が定番です。

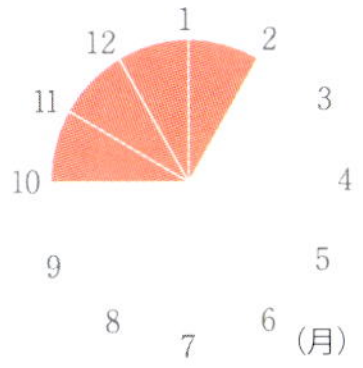

新鮮なものなら早く食べ、時間をおくなら酢で締めるなどの調理をしよう
身に締まりがあり、ブヨブヨしていないもの

目にハリがあり、盛りあがっているもの。白目が澄んでいるもの
模様がはっきりしており、全体に青みを帯びている

真《マ》鯖《サバ》

ヒラサバとも呼ばれ、日本中に分布し通年食べられる。大分の「関サバ」（P65）や愛媛の「岬サバ」など各地でブランド化しているものも。

青森 - ⑩

お國自慢 青森「サバの冷《れい》燻《くん》」

八戸前沖で獲れる脂のよくのったサバを「冷燻」という製法でつくったもの。「冷燻」は低温でじっくりいぶすため手間はかかるが、素材本来のうまみを引き出せる。しっとりした大トロのような味わいで、一度食べるとクセになる。

胡《ゴ》麻《マ》鯖《サバ》

マサバよりも体が丸いので丸サバとも。漁獲量も多く安価で手に入る。さば節の原料にもなる。

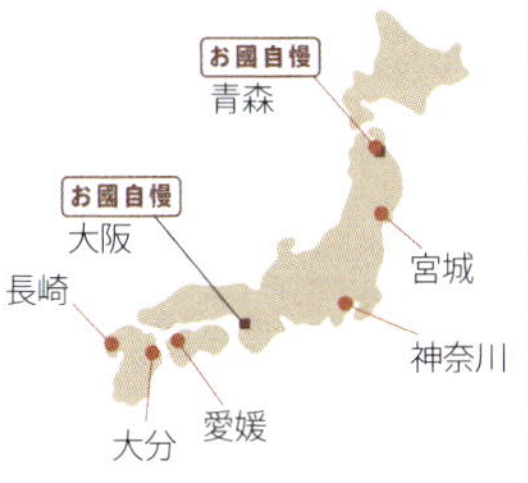

お國自慢 大阪「船《せん》場《ば》汁《じる》」

塩サバの頭や中骨を使ってだしをとり、身と野菜を入れた汁もの。大阪の商人のまかない料理として古い歴史をもつ、船場の郷土料理。

おいしい栄養

血液をサラサラにして動脈硬化や心筋梗塞などの予防に役立つEPA、脳の活性化を促すDHAが多く含まれる。また血合には、貧血予防に効果的な鉄やビタミンA・B_1・B_2などのビタミン類が豊富に含まれる。さらにタウリンも多く、血圧を正常に保ち、脳卒中、心臓病などの予防にも効果的な魚。

食品成分表
（マサバ・可食部100gあたり）

エネルギー	247kcal
水分	62.1g
たんぱく質	20.6g
脂質	16.8g
炭水化物	0.3g
無機質　鉄	1.2mg
ビタミンB_{12}	12.9μg
ビタミンD	5.1μg

さんま

Pacific saury

秋刀魚

地方名：サヨリ（北陸）　サイロ（三重）

標準和名：サンマ（三馬）
科：サンマ科
生息域：北大西洋では春から夏に北上、夏ごろに南下する。日本海側でも南北に同様に回遊する。
語源：体が細長いことから「狭真魚（さまな）」と呼ばれていたのが語源とされている。江戸時代「三馬（さうま、さむま）」と呼ばれていたのが転じたとの説もある。

秋になると無性に食べたくなる魚

サンマはそのおいしさ以外に、秋口に大量に獲れ、手ごろな値段で食べられるのも人気の理由です。新鮮なものは脂がのり、内臓もおいしくいただけます。その魅力を充分に引き出すのはやはり塩焼きでしょう。そのほか、煮つけや竜田揚げにしてもおいしい魚です。

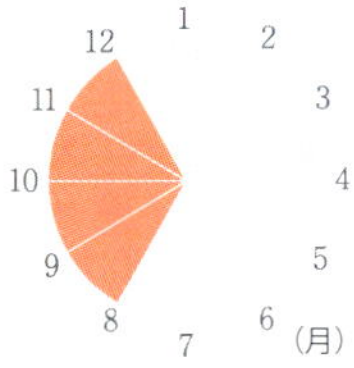

冷凍ものは、色がはっきりしているものを選ぶ
肩から背びれにかけ肉が盛りあがっているもの
くちばしが黄色かオレンジ色
肛門が開いていないもの

胃がなく腸が短いため、排泄物がたまらない。そのため内臓が傷みにくいので、おいしくいただける。

お國自慢

宮城「おながわ秋刀魚収穫祭」

宮城 - ②

全国屈指の水揚げ量を誇る女川町で行われる毎年恒例のイベント。販売、つかみどり、無料炭火焼きの食べ放題などサンマづくしの催しが多く、大勢の家族連れでにぎわう。

大根おろし

塩焼きに大根おろしを添えるのは、味がよくなる以外にも、焦げに含まれる発がん性物質を大根の消化酵素で抑える働きも得られるから。かんきつ類をかけても同様の効果がある。

開き生干し

兵庫 - ⑤

お國自慢

兵庫「サンマみりん干」

南あわじ市福良で100年以上前からつくられている伝統的な加工品。一枚ずつていねいに手開きして一昼夜自家製しょうゆにつけ込み、天日で干される。大根おろしとの相性もバツグン。淡路島内の海産物店や道の駅で購入できる。

おいしい栄養

栄養価が高く、生活習慣病の予防に役立つEPAをはじめ、カルシウムの吸収を助けるビタミンDなどが含まれる。また血合には、神経系を正常に保つビタミンB_{12}、粘膜を健康に保つビタミンAのほか、内臓部分には鉄などのミネラルも豊富。

食品成分表（可食部100gあたり）

エネルギー	297kcal
水分	57.7g
たんぱく質	17.6g
脂質	23.6g
炭水化物	0.1g
無機質　鉄	1.3mg
ビタミンB_{12}	15.4μg
ビタミンD	14.9μg

ししゃも

柳葉魚

Shishamo smelt

地方名：スサモ、スシャモ、スサム（北海道）

標準和名：シシャモ
科：キュウリウオ科
生息域：ホンシシャモは北海道の太平洋沿岸だけに生息。カラフトシシャモは日本では北海道のオホーツク海側に分布。
語源：川に流した柳の葉を神様がシシャモに変えたというアイヌの伝説に由来する。「柳の葉の魚」をアイヌ語では「スス（柳）・ハム（葉）」「シュシュ・ハム」と表す。

酒のつまみにぴったりのカルシウム満点魚

ホンシシャモは北海道の太平洋沿岸にしか生息しない日本固有の魚です。しかし水揚げ量が激減し、現在流通しているものの多くは、ノルウェーなどで獲れるカラフトシシャモ。刺身のほかは、やはり干物、とくに子持ちシシャモはおいしく人気があります。

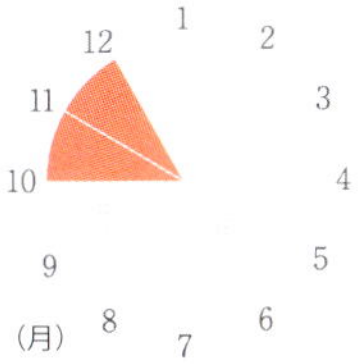

干物「ホンシシャモ」

干物「カラフトシシャモ」

レシピ

焼きづけ

焼きづけとは焼いた魚を熱いうちにつけ汁にひたし、味をしみ込ませる調理法。つくり方は、グリルで色よく焼いたシシャモ（10尾）をつけ汁（酢50cc、水100cc、しょうゆ大さじ2、砂糖大さじ1、こぶ茶小さじ1/2、お好みで溶きがらしや、ごま油を各小さじ1）にひたすだけ。食べる前に刻んだ大葉、しょうがをちらす。いつもの焼いた干物に飽きたときには、ぜひお試しを。

すだれ干し

漁期になると、産地では専門店の軒先にずらりとすだれ干しが並び、季節の風物詩となってる。

おいしい栄養

丸ごと食べられるため、歯や骨をつくるのに欠かせないカルシウムが豊富に摂取できる。そのほか、マグネシウム、亜鉛、鉄などのミネラルも豊富。また、動脈硬化などの生活習慣病予防に役立つビタミン B_2 も比較的多く含まれる。

食品成分表（可食部100gあたり）

エネルギー		166kcal
水分		67.6g
たんぱく質		21g
脂質		8.1g
炭水化物		0.2g
無機質	マグネシウム	48mg
	鉄	1.6mg
	亜鉛	1.8mg
ビタミン B_2		0.25mg

はたはた

鰰

Japanese sandfish

地方名：カミナリウオ（東北）
オキアジ（京都）
別名：シマアジ

標準和名：ハタハタ（波多波多　斑斑）
科：ハタハタ科
生息域：日本海、オホーツク、宮城、千島列島から北太平洋まで広く分布。水深 100 ～ 400m の大陸棚の砂泥底に生息。
語源：雷が多く鳴る季節、または雷の轟く荒れた海で獲れることから、雷鳴の古語「霹靂神（ハタタガミ）」を語源とする説が有力だが、雷の鳴る音の擬音語を「ハタハタ」と表していたことが由来とする説もある。

「しょっつる」で親しまれている秋田の県魚

うろこがなく、平たい形が特徴。秋田の県魚に認定され、塩漬けにして発酵させてつくる魚醤「しょっつる」も親しまれています。身離れがよくて食べやすく、淡白な味が魅力の魚です。

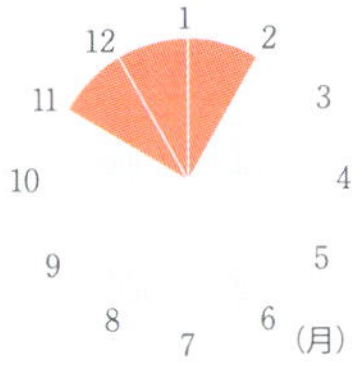

生干し

お國自慢

秋田「しょっつる鍋」

だしにしょっつるを使い、ハタハタ、ごぼう、ねぎ、白菜、豆腐などを入れて煮た鍋。秋田名物ハタハタを思う存分味わえる、ほっこりと温まる郷土料理。

秋田 - ⑤

しょっつる
(P19)

秋田 - ③

レシピ

丸ごとハタハタ飯

材料（2 人分）

ハタハタ…3 尾
ご飯…1 合
長ねぎ…1/2 本（みじん切り）
大葉…3 枚（せん切り）
すりごま…小さじ 2
めんつゆ…大さじ 3
ごま油…少々

作り方

1. ハタハタ 3 尾を色よくこんがり焼き、そのうち 1 尾の身を細かくほぐす。
2. ご飯にほぐした身と残りすべての材料をよく混ぜ合わせる。器に盛り、ハタハタ 2 尾をのせる。

おいしい栄養

高血圧予防や動脈硬化予防に効果があるとされる不飽和脂肪酸の EPA、DHA が豊富。

食品成分表（可食部100gあたり）

エネルギー	113kcal
水分	78.8g
たんぱく質	14.1g
脂質	5.7g
炭水化物	微量
無機質　鉄	0.5mg
ビタミン D	2μg
ビタミン E（トコフェロール α）	2.2mg

ほっけ

鯱

Arabesque greenling

Atka mackerel,

地方名：ホッキ（青森）
ロウソクホッケ（北海道）
ドモンシジュウ（新潟）

標準和名：ホッケ

科：アイナメ科

生息域：対馬海峡以北の日本海、茨城以北の太平洋岸に分布。水深100m程度の大陸棚に生息。

語源：北方の魚という意味の「北方（ほっけ）」、「北魚（ほっけ）」を由来とする。法華経からきているとの説もある。

居酒屋でも人気の一夜干し

いまや居酒屋で人気のホッケは、北海道を代表する魚のひとつです。コクのある白身魚ですが、鮮度低下が早く傷みも早いので、干物にするのが一般的。最近ではロシアからの輸入ものが多く出回っています。

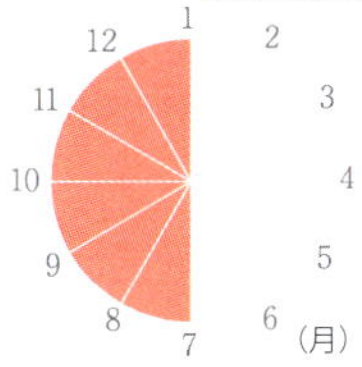

傷みやすい魚なので、冷蔵技術が発達していなかった時代はおいしくない魚として扱われていた。

全体に光沢があり、腹が白いもの

皮にツヤがあるもの

刺身は美味だが･･･

水揚げされる地元では刺身で食されているが、アニサキスという寄生虫がいることがあるので、ご注意を。

干物を焼くポイント

予熱をしっかりして身から焼きはじめる。火加減は中強火で、ほどよく焼き色がついたら裏返し、中火に落として皮をじっくりパリッと焼く。これでうまみが閉じ込められ、ふっくら焼きあがる。

北海道 - ⑤

お國自慢

北海道「ホッケの半熟」

奥尻島に伝わる漁師料理。北海道でもっともポピュラーな旬のホッケをひと口大に切り、野菜などとしょうゆ味のだし汁にしゃぶしゃぶとひたして食べる。脂が適度に残った状態のホッケは飽きがこず、ご飯にもお酒にも相性バツグン。

おいしい栄養

味覚を正常に保つ亜鉛や鉄などのミネラルが豊富。また、動脈硬化予防になるEPAも多く含む。

食品成分表（可食部100gあたり）

エネルギー		115kcal
水分		77.1g
たんぱく質		17.3g
脂質		4.4g
炭水化物		0.1g
無機質	鉄	0.4mg
	亜鉛	1.1mg
ビタミン B_{12}		10.7μg
ビタミンD		3μg
ビタミンE（トコフェロールα）		1.7mg

かき

牡蠣

oyster

別名：ナガガキ、エゾガキ

標準和名：マガキ（真牡蠣）
科：イタボガキ科
生息域：日本各地、朝鮮半島、中国、東南アジア沿岸に分布。
語源：岩からかき落として獲ることから「かき」となった説が有力。殻を欠き砕くの「かき」との説もある。

うまみ＆栄養が豊富な海のミルク

「海のミルク」と呼ばれるほど栄養が豊富なカキ。日本で広く出回っているのは養殖のマガキです。マガキがうまみを増すのは秋からで、イワガキは夏が旬。磯の香りがよく、生食、加熱調理、どちらでもおいしさを堪能できます。

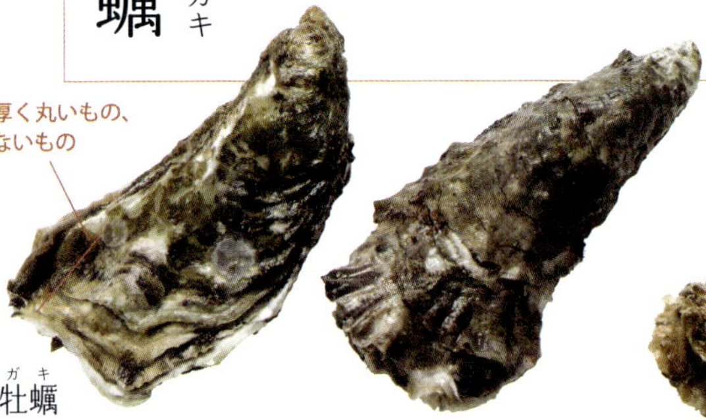

身が厚く丸いもの、
傷のないもの

真牡蠣《マガキ》

日本中に分布するが、おもに流通しているのは養殖もの。殻の長さは 10 ～ 20㎝。

締まりがあり、貝柱と
身が離れていないもの
時間のたったものは
縁の黒い部分の色が
薄くなる

岩牡蠣《イワガキ》

殻の長さは大きいもので 20㎝を超える。旬はマガキと逆で夏。

加熱用と生食用

生食用は紫外線殺菌を行っているため、その過程でうまみも逃してしまう。本来のうまみが濃く残っているのは加熱用。生食用のほうが新鮮というわけではないので調理法によって選びたい。

レシピ

広島「カキ飯」

材料（つくりやすい分量）

米…3 合（といで 30 分水にひたす）
生ガキ（加熱用）…300g
（塩で軽くふり洗いする）
ごぼう…1/3 本（ささがきにする）
にんじん…1/2 本（ささがきにする）
A だし汁…3 カップ
A 酒…大さじ 3
A 塩…小さじ 1
A 薄口しょうゆ…大さじ 1 と 1/2
みつば…適量（粗く刻む）
青ねぎ…適量（小口切り）

作り方

炊飯器に米、ごぼう、にんじん、A を入れ、3 合までの水（分量外）を加えて炊く。炊きあがったらすぐにカキを入れ 10 分蒸す。器に盛り、みつばと青ねぎをちらす。

広島 - ①

おいしい栄養

疲労回復効果のあるグリコーゲンをはじめ、肝機能を高めるタウリンも多く含まれる。また、ミネラルのなかで格段に多いのは、傷の回復力を高める亜鉛と貧血予防に役立つ鉄。さらにビタミンでは、エネルギーの代謝を促すビタミン B_2、神経系を正常に保つビタミン B_{12} が豊富。

食品成分表
（マガキ・可食部100gあたり）

エネルギー		60kcal
水分		85g
たんぱく質		6.6g
脂質		1.4g
炭水化物		4.7g
無機質	カルシウム	88mg
	鉄	1.9mg
	亜鉛	13.2mg
ビタミン B_2		0.14mg
ビタミン B_{12}		28.1μg

―旬をいつでもおいしく味わうための―

万能おさかな調理法

生の料理

新鮮な魚はやはり生で食べたいもの。市販の刺身を買うのもいいですが、サクごと買って、いろいろな料理で楽しむのもよいものです。
生野菜とも好相性なので、サラダやカルパッチョなどもおすすめです。

「刺身」基本の切り方

平造り

マグロ、カツオ、ブリ、サケなど脂ののった身がやわらかい魚に

1 サクの薄いほうを手前に置き、包丁を身に対してやや左に傾ける。

2 サクの右側から包丁を入れてそのまま手前に引くように切り、1枚ごとに包丁で右側に寄せる。

漬けサラダ

味つけした身が魅力のやみつき和風サラダ

〈材料の魚〉
カツオ

〈季節のおすすめ〉

春 タイ 

マグロ 

夏 カンパチ 

秋 アマダイ 

冬 ブリ 

材料（4人分）

カツオ（刺身用）…1/2サク（100g・平造りにする）

A
- しょうゆ…大さじ1と1/2
- みりん…大さじ3

かいわれ大根…1/4束（根元を切ってひと口大に）

ベビーリーフ…1袋（ひと口大にちぎる）

B
- しょうゆ…大さじ1
- 酢…大さじ1
- ごま油…大さじ1
- 七味唐辛子…少々

作り方

1. カツオは混ぜ合わせたAに20～30分つけ、水気をふく。
2. ボウルに1、かいわれ大根、ベビーリーフを入れて和え、器に盛り、混ぜ合わせたBをかける。

そぎ切り

タイ、イサキなどの白身魚に

1 サクの薄いほうを手前に置き、包丁を身に対してやや右に傾ける。

2 サクの左側から斜めに薄くそぐように切る。1枚ごとに、包丁で左側に寄せる。

薄造り

フグ、ヒラメ、カワハギなど少し身がかたい白身魚に

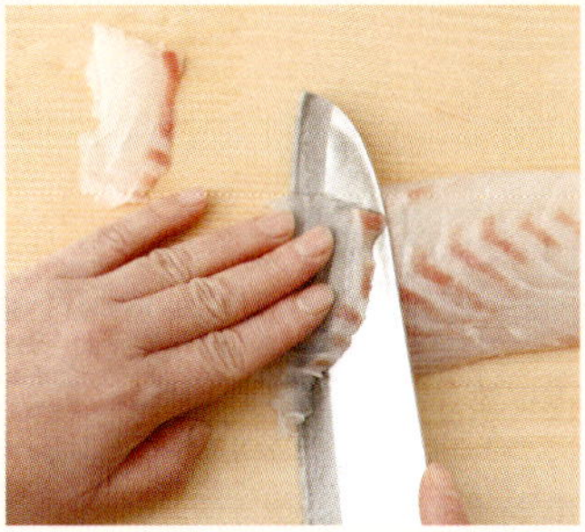

サクの薄いほうを手前に置き、ゆっくりと身を破らない程度に薄く切る。1枚ごとに、包丁で左側に寄せる。

〈材料の魚〉
サバ

〈季節のおすすめ〉

春 ホタテ 

夏 アジ 

秋 イワシ 

冬 コノシロ 

彩り鮮やかなイタリア風前菜

カルパッチョ

材料（4人分）

締めサバ…半身（斜め薄切り）
ゆず…1個
（半分に切って半量は薄切り、残りはしぼる）
パプリカ（赤、黄）…各1/8個
（5mm角に切る）
たまねぎ…1/8個（5mm角に切る）
ハーブ（タイムなど）…適量
塩…少々
オリーブオイル…適量

作り方

1. 器に締めサバ、ゆずの薄切りを交互に並べ、パプリカ、たまねぎをちらし、ハーブをのせ、塩をふり、ゆずのしぼり汁、オリーブオイルを回しかける。

酢締めではなく、刺身を使う場合は、すりおろしたにんにくや、ハーブをちらすと、さわやかに仕上がる。

「手開き」のポイント

身のやわらかい、小さい魚を手早く開く方法

丸の魚

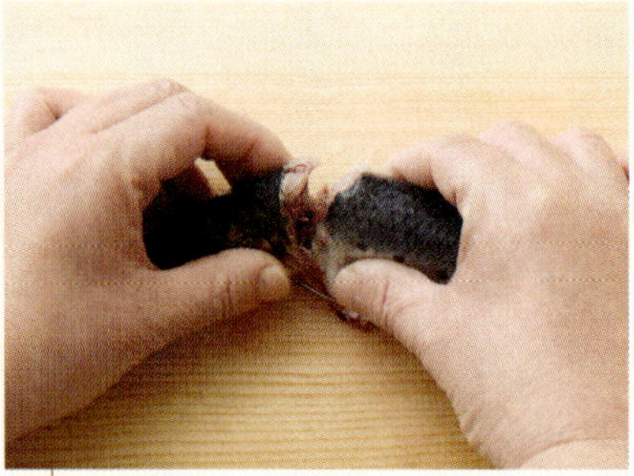

1 うろこと頭を落とす

頭を左向きにして、左手で頭、右手で胸びれの部分を押さえ、頭をちぎってハラワタもいっしょに引き抜く。

2 身を開く

腹側から、中骨に沿って指を動かしながら、尾に向かって開く。よく水洗いし、きれいに水気をふき取る。

新鮮な魚にひと手間かけて
さらにおいしく

マリネ

〈材料の魚〉
イワシ

〈季節のおすすめ〉

春 サヨリ
夏 アジ 
秋 コノシロ 
サンマ 
冬 ヒラメ 

材料（2人分）

イワシ（手開きにしたもの）
…3尾
塩…適量
酢…大さじ2
オリーブオイル…大さじ1
粗挽きこしょう…適量
レモン…1/2個（くし形に切る）
ハーブ（ディルなど）…適量

作り方

1. イワシは塩をふり、5分ほどおいて水気をふき、酢に5分ほどひたす。取り出して皮をはがし、縦半分に切る。
2. 器に1を並べ、オリーブオイル、粗挽きこしょうをふり、レモン、ハーブを添える。

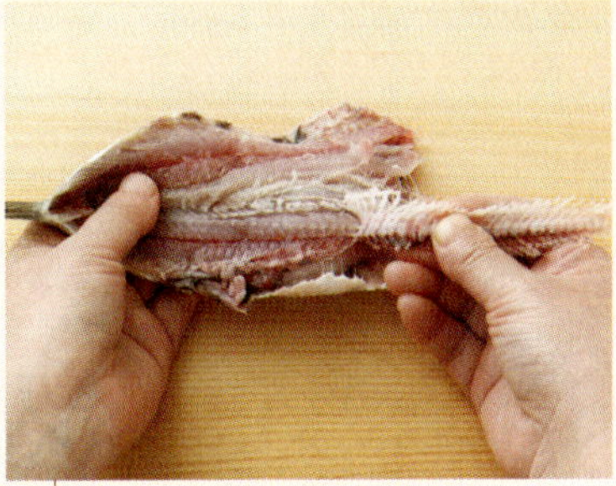

3 中骨を取る

尾のつけ根で中骨を折り、身に沿ってゆっくり引っ張ると、きれいに取れる。

4 腹骨を切り落とす

包丁で身を切らないようにゆっくりと斜めに切る。

刺身にするときは皮をむきますが、その場合は手開きでなく包丁を使いましょう。

アツアツのご飯にのせて召し上がれ

なめろう丼

〈材料の魚〉
アジ

〈季節のおすすめ〉
春 タイ
マグロ
夏 トビウオ
秋 イワシ
サンマ
冬 ブリ

材料（4人分）

アジ（刺身用）…2パック（5㎜角に切る）
大葉…20枚（せん切り）
ご飯…茶碗4杯分
A みそ…大さじ2
水…大さじ2
しょうゆ…大さじ1
しょうが…1かけ（すりおろす）
すりごま（白）…適量

作り方

1. ボウルにアジ、混ぜ合わせたAを入れ、サッと和える。
2. 器にご飯を盛り、大葉をのせ、その上に1をのせる。お好みで全体にすりごまをふる。

簡単・万能「大名おろし」

これさえ覚えれば、多くの魚が二枚におろせます。

1 うろこを落とし、ゼイゴを取る

アジのゼイゴは尾からまんなかに伸びるかたいうろこのことで、これがある魚は、尾びれから包丁を入れて切り取る。

2 頭を落とす

胸びれから包丁を入れて頭を切り落とす。

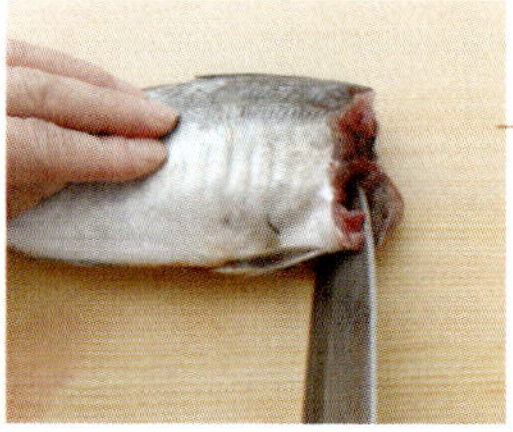

3 ハラワタを出す

ハラワタは刃先を使うときれいに取れる。

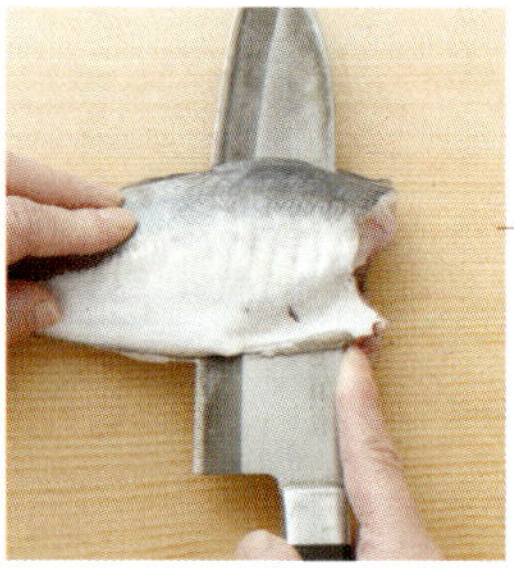

4 頭から背骨に沿って包丁を入れ、二枚におろす

背骨に刃先がカリカリとあたるのを感じつつ、あまり力を入れずにゆっくりと切るときれいに仕上がる。

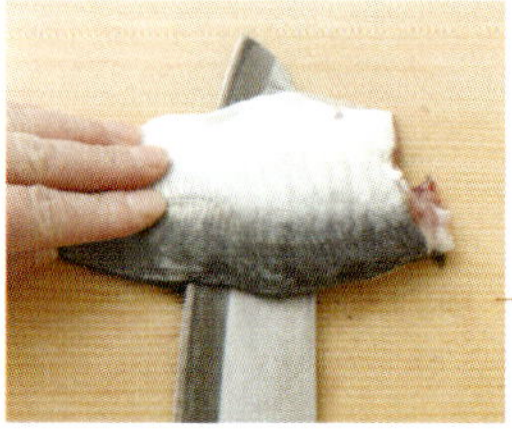

5 裏返して、4と同様にゆっくりと身と骨を切り離す

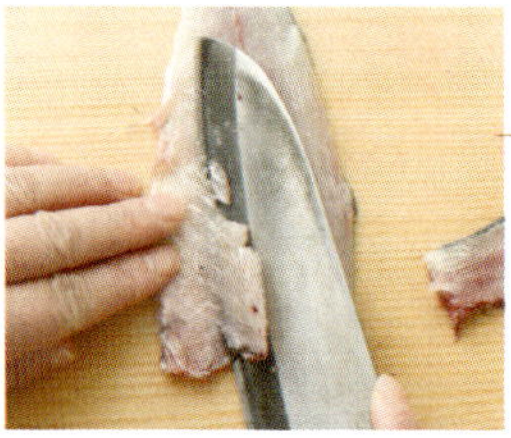

6 腹骨を取りのぞく

腹骨に沿わせて身をつけないように切り取り、残った小骨は骨抜きで抜く。

簡単うろこ落とし

じつはペットボトルのキャップを使うと、簡単に取れる。タイなどのかたいうろこの場合はアルミのキャップを使って。まな板に魚の生臭さが移らないように牛乳パックを敷き、うろこが飛びちらないようビニール袋の中で行うといい。

焼く

どんな魚も焼きたてはおいしいもの。シンプルな塩焼きをマスターしたら味つけを変えて、野菜と炒めたり照り焼きにしたりと、さまざまな魚で試してみてください。

フライパンで焼くコツ

油をしっかり熱してから魚を入れ、皮の表面がかたくなってくるまで弱火、パチパチと音がしてきたら中火にしてこんがり焼く。同様にもう片面も焼く。

しそ焼き

余分な脂は途中でふき取ってヘルシーに

〈材料の魚〉
アジ

〈季節のおすすめ〉
春 タイ
夏 スズキ
秋 イワシ
サンマ
冬 タラ
メジナ

材料（4 人分）
アジ（三枚おろしにしたもの）…4 尾分
大葉…10 枚（せん切り）
塩…小さじ 1/2
小麦粉…適量
サラダ油…適量
粉山椒…適量

作り方

1. アジは塩をふり、しばらくおいてから水気をふいて小麦粉をまぶす。
2. フライパンにサラダ油を熱しアジを両面こんがりと焼く。
3. フライパンの脂をふき取り、粉山椒をふって、大葉をちらす。

「塩焼き」のポイント

1 塩をふる

魚は焼く 10 ～ 15 分前に高い位置から塩を全体にふる。

・青魚の臭みが気になる場合は、焼く 30 ～ 60 分前に。

丸の魚

2 水気をふく

焼く直前に水分をふき取り、さらに塩をふる。

3 予熱する

グリルの網に油（または酢）を塗り、強火で 2 分ほど予熱しておく。

・網に油（または酢）を塗ることで魚の皮のくっつきを防止できる。

・予熱しておけば、表面をパリッと焼ける。

4 焼く

両面をこんがりと焼く。

・家庭のグリルでは「表 4：裏 6」の割合で焼くと失敗しにくい。

切り身のこしょう焼き かぶのマリネ添え

刺激的な辛みと香りが魅力の粗挽きこしょうをまぶすだけ

〈材料の魚〉
ブリ

〈季節のおすすめ〉

春 カツオ 

夏 イサキ 

秋 カジキ 

冬 タラ 

材料（4 人分）

ブリ（切り身）…4 切れ
かぶ…2 個
（皮をむいて薄切り、葉は長さ 3㎝に切って湯通しする）
塩・粗挽きこしょう…各適量
小麦粉…適量
A 酢…適量
A オリーブオイル…適量
A 塩・こしょう…各適量
サラダ油…適量

作り方

1. ブリは塩、粗挽きこしょうをふり、軽く押さえてなじませる。1 ～ 2 分おいて小麦粉をまぶす。
2. ボウルにかぶを入れ、A で味を調える。
3. フライパンにサラダ油を熱し、1 を入れて両面をこんがりと焼き、器に盛る。2 を添える。

「ムニエル」のポイント

1 牛乳にひたす

魚は牛乳に10～15分ひたし、水気をふく。

・牛乳にひたすことで魚の臭みを抑えられる。

切り身

牛乳

小麦粉

2 下味をつける

魚は塩、こしょうをふり小麦粉を薄くまぶす。

3 焼く

フライパンにサラダ油とバターを熱し、魚を入れてこんがりと両面を焼く。

・少量の油を回しかけるとフライパンに皮がくっつかない。

〈材料の魚〉
イワシ

〈季節のおすすめ〉

春 サワラ
夏 アジ
秋 サバ
冬 メダイ

香ばしい緑茶でイタリアンに

緑茶入りパン粉焼き

材料（4人分）

イワシ（三枚おろしにしたもの）…4尾分
塩・こしょう…各適量
A 緑茶…大さじ1/2
A パン粉…大さじ2
A 粉チーズ…小さじ1
オリーブオイル…大さじ2

作り方

イワシに塩、こしょう、混ぜ合わせたAの順にふり、オリーブオイルを回しかけ、魚焼きグリルで両面をこんがりと焼く。

照り焼き

じっくり味をからめたコクのある一品

〈材料の魚〉
サバ

〈季節のおすすめ〉
春 サワラ
夏 スズキ
秋 サンマ
冬 ムツ

材料（4人分）

サバ（三枚おろしにしたもの）
…1尾（半分に切る）
ごぼう…1/2本
（皮をこそぎ、斜め薄切り）
A しょうゆ…大さじ2
A みりん…大さじ2
A 酒…大さじ1
A 水…大さじ2
サラダ油…適量

作り方

1. フライパンにサラダ油を熱し、サバを並べ入れ、両面をこんがり焼く。ごぼう、Aを加え、ふたをする。
2. サバに火が通ったらふたを取り、照りがつくまで煮詰める。

青魚とねぎのピザ

酸味がトマトソースとよく合う和洋折衷ピザ

〈材料の魚〉
サバ

〈季節のおすすめ〉
春 サワラ
夏 アジ
秋 イワシ
冬 シラウオ

材料（4人分）

締めサバ…半身（薄切り）
長ねぎ…1本（斜め薄切り）
ピザ生地（市販品）…2枚
トマトソース…適量
オリーブオイル…適量

作り方

ピザ生地にトマトソースを塗り、締めサバ、長ねぎをのせ、オリーブオイルを回しかける。220℃のオーブンで焼き色がつくまで10～15分焼く。

蒲焼きと豆腐のチャンプルー

市販の蒲焼きで沖縄伝統料理を

〈材料の魚〉
ウナギ

〈季節のおすすめ〉
夏 アナゴ

材料（4人分）

ウナギの蒲焼き…1枚
（縦半分にして 2cm幅に切る）
木綿豆腐…1丁
（水きりし、縦半分にして 1cm幅に切る）
にんじん…1/3本（短冊切り）
にら…1/2束（長さ 5cmに切る）
しょうが…1/3かけ（みじん切り）
ごま油…大さじ1
A みりん…大さじ1
A しょうゆ…大さじ1
A こしょう…少々

作り方

1. フライパンにごま油半量を熱して豆腐を入れ、両面に焼き色をつけて取り出す。
2. 1のフライパンに残りのごま油、しょうがを入れ、香りが立ったらにんじんを加えて炒める。
3. ウナギ、にらを加えてさらに炒め、1の豆腐、合わせたAを加えて炒め合わせる。

梅じょうゆ焼き

梅のほどよい酸味をプラスしたアレンジ照り焼き

〈材料の魚〉
カジキ

〈季節のおすすめ〉
春 タイ
　 マグロ
夏 カンパチ
秋 サケ
冬 ブリ
　 メダイ

材料（4人分）

カジキ（切り身）…4切れ
長ねぎ…1本（長さ5cmに切る）
ししとう…8本
みょうが…2個（せん切り）
A
- 梅干し…3個（種を除き、細かくたたく）
- 酒…大さじ1
- みりん…大さじ1
- しょうゆ…大さじ1
- 水…大さじ3

サラダ油…大さじ1

作り方

1. フライパンにサラダ油を熱し、カジキを並べ入れ、強火で両面に焼き色をつける。
2. 混ぜ合わせたAを加え、ふたをして弱火で煮汁がとろりとするまで煮る。
3. 別のフライパンを熱し、長ねぎ、ししとうをこんがり焼く。
4. 器に2を盛り、みょうがをのせ、3を添える。

魚介でつくるぎょうざ

もやしを使ってヘルシーに

〈材料の魚〉
カツオ

〈季節のおすすめ〉
春 マグロ
夏 アジ
　 エビ
秋 イワシ
冬 カニ

材料（4人分）

カツオ…1/2サク
（100g・包丁で細かくたたく）
ぎょうざの皮…1袋（24枚）
キャベツ…3枚（みじん切り）
もやし…1/2袋（みじん切り）
塩…適量
ごま油…適量
片栗粉…適量
しょうゆ…適量
サラダ油…適量
ポン酢（または酢じょうゆ）…適量

作り方

1. キャベツ、もやしは塩をふり、しんなりしたら水気を絞る。
2. ボウルに1、カツオ、ごま油、片栗粉、しょうゆを入れ、よく混ぜ合わせてぎょうざの皮で包む。
3. フライパンにサラダ油を熱し、2を並べ入れる。水適量（分量外）を加えてふたをし、蒸し焼きにする。焼きあがったら器に盛り、ポン酢でいただく。

めんどうな下処理はお店に頼めばＯＫ！

魚介とそら豆の中華炒め

材料（4人分）

スルメイカ（胴と足）…1杯
（胴は短冊切り、足は長さ5cmに切る）
そら豆…正味200g（かためにゆでる）
にんにく…少々（みじん切り）
しょうが…少々（みじん切り）
長ねぎ…少々（みじん切り）
塩・こしょう…各少々
卵白…1/2個分
片栗粉…適量
サラダ油…大さじ1
中華スープ…1と1/4カップ
A 片栗粉…適量
A 水…適量

作り方

1. イカは塩、こしょうをふり、卵白をもみ込んで片栗粉をまぶす。
2. フライパンにサラダ油を熱し、にんにく、しょうが、長ねぎを炒める。香りが立ったら1を加えて軽く炒め、そら豆を加える。
3. 2に中華スープを注ぎ入れ、そら豆に火が通ったら、塩、こしょうで味を調え、混ぜ合わせたAでとろみをつける。

〈材料の魚〉
イカ

〈季節のおすすめ〉
春 ホタテ
夏 エビ
タコ
秋 カキ
冬 タラ

焼き魚の船場汁

青魚の上質な脂がいいだしに

材料（4人分）

サバ（三枚おろしにしたもの）
…半身
大根…4cm（皮をむき、短冊切り）
にんじん…1/3本
（皮をむき、短冊切り）
長ねぎ…1/2本（斜め薄切り）
塩…適量
水…5カップ
コンブ…10cm角1枚
酒…大さじ1
薄口しょうゆ…小さじ1
しょうが汁…小さじ1
サラダ油…適量

〈材料の魚〉
サバ

〈季節のおすすめ〉
春 サワラ
夏 アジ
秋 サケ
冬 フグ

作り方

1. サバは腹骨をすき取り、骨を取り除く。1cm幅に切って塩をふり、10分おいたら水気をふく。
2. フライパンにサラダ油を熱して1を皮目から入れ、両面をしっかり焼く。
3. 鍋に分量の水、コンブを入れ、約10分おいてから火にかけ、沸騰する直前にコンブを取り出す。
4. 大根、にんじんを加え7～8分煮て、2、酒、長ねぎを加え、さらに1～2分煮る。薄口しょうゆ、塩で味を調え、しょうが汁を加える。

煮る

基本さえ押さえれば、短時間でできて、失敗しにくい調理法。
また、脂があまりのっていない魚や鮮度が少し落ちた魚だって、煮つけにすればおいしくいただけます。

「煮つけ」のポイント

1 魚の下処理をする

魚を下処理し、火が通りやすいように切り目を入れる。

- おもなポイントは３つ。
  表面の汚れ、ぬめりを洗う。
  うろこを落とす。
  腹を開き、ハラワタを取りのぞく。

丸の魚　切り身　しょうが

ラクラク煮つけ　フライパンでつくる　みそ煮

〈材料の魚〉
サケ

〈季節のおすすめ〉
春　メバル 
夏　カレイ 
秋　サバ 
　　キンキ 
冬　メダイ 

材料（４人分）

生ザケ（切り身）
…４切れ（半分に切る）
しょうが…１かけ（せん切り）
A 水…１カップ
A 酒…大さじ３
A 砂糖…大さじ３
みそ…大さじ３
万能ねぎ…適量（小口切り）

作り方

1. フライパンにAを入れて煮立て、サケが重ならないように並べてしょうがをちらす。再び煮立ったら落としぶたをして７～８分煮る。
2. みそを加えて煮つけ、器に盛り、万能ねぎをちらす。

2 煮汁を煮立てる

フライパンに煮汁を入れ、煮立ててアルコール分をとばす。

・基本の割合はみりんとしょうゆは同量、水と酒はその倍量。少々鮮度が落ちた魚や臭みが気になる青魚は濃いめの味にするとよい。

・煮汁に酒、しょうがを入れると魚の臭みがとれ、風味がよくなる。

3 魚を入れる

魚が重ならないように入れる。

4 煮汁をかける

魚の身はくずれやすいので裏返さず、おたまで煮汁をかけて味をしみ込ませる。

うの花の炒り煮

おいしさが詰まった煮汁でもう一品

材料（4人分）

おから…200g
A｜魚の煮つけの煮汁＋水…1カップ
にんじん…1/4本（長さ2cmのせん切り）
ごぼう…1/4本
　（長さ2cmの細切りにして、水にさらす）
長ねぎ…1/4本（みじん切り）
こんにゃく…1/4枚
　（長さ2cmのせん切りにして、湯通しする）
油揚げ…1/2枚
　（油抜きをし、縦半分に切って細切りにする）
きぬさや…3本（すじを取り、1cm幅に切る）
サラダ油…大さじ1
砂糖…適量
しょうゆ…適量

作り方

1. 鍋にサラダ油を熱し、にんじん、ごぼう、長ねぎ、こんにゃく、油揚げを入れてよく炒め、おからを加えてほぐしながら炒め合わせる。
2. A、きぬさやを加えて砂糖、しょうゆで味を調え、汁気がほぼなくなるまで炒り煮にする。

5 落としぶたをする

落としぶたをして 10 分ほど煮つける。

・落としぶたをすると、魚の臭みを逃がしながら少量の煮汁で味を含ませられる。

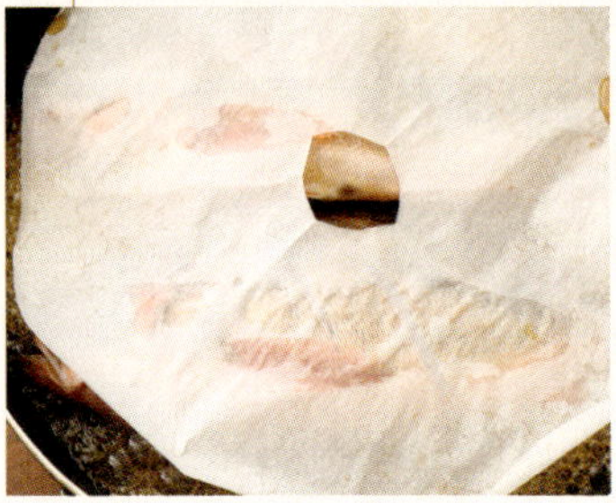

6 器に盛る

魚にツヤが出てきたら、煮汁とともに器に盛る。

マスタード風味のミルク煮

ウスターソースでコクをアップ。パンといっしょに食べても

材料（4 人分）

タイ（切り身）…4 切れ
スパゲティ…300g
たまねぎ…1/2 個（薄切り）
しいたけ…4 個（薄切り）
にんにく…1 かけ（薄切り）
塩・こしょう…各適量
オリーブオイル…適量
A 牛乳…1 カップ
A 粒マスタード…大さじ 1
A 塩…小さじ 1/2
A ウスターソース…大さじ 1
ハーブ（タイムなど）…適量

作り方

1. タイは塩、こしょうをふる。スパゲティは表示時間どおりにゆでる。
2. フライパンにオリーブオイルを熱し、にんにく、たまねぎ、しいたけを順に炒め、1 のタイを加えて火を通す。混ぜ合わせた A を加え中火で 6 ～ 7 分ほど煮て、塩で味を調える。
3. 器に水気をきった 1 のスパゲティ、2 を盛り、ハーブを添える。

〈材料の魚〉
タイ

〈季節のおすすめ〉

春 サワラ 
夏 イサキ 
秋 アマダイ 
冬 メダイ 

バルサミコ酢煮

バルサミコ酢を使って
コク&うまみをアップ！

材料（4 人分）

カツオ…1 サク
（200g・1㎝幅に切る）
パプリカ…1/2 個
（ひと口大の乱切り）
ししとう…10 本
（縦に切り目を 1 本入れる）

A
- 酒…小さじ 1
- しょうゆ…小さじ 1
- しょうが汁…小さじ 1/2

小麦粉…大さじ 2
サラダ油…大さじ 1

B
- バルサミコ酢…大さじ 2
- ケチャップ…大さじ 2
- 砂糖…大さじ 1 と 1/2
- しょうゆ…大さじ 1/2
- 水…大さじ 2

作り方

1. カツオは混ぜ合わせた A に 10 分ほどつけ、水気をふいて小麦粉をまぶす。
2. フライパンにサラダ油半量を熱し、パプリカ、ししとうをサッと炒めて取り出す。
3. フライパンに残りのサラダ油を入れ、1 を並べて両面をこんがり焼く。混ぜ合わせた B を加えて汁気がなくなるまで煮詰め、2 のパプリカとししとうを戻し入れ、全体をサッと炒める。

〈材料の魚〉
カツオ
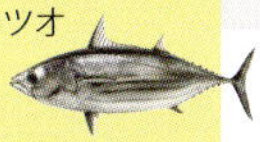

〈季節のおすすめ〉
春 サワラ 
夏 アジ 
秋 イワシ 
カキ 
冬 タラ 

白焼きを使うなら
しょうゆの量を増やして

すき焼き

材料（4人分）

アナゴの蒲焼き…3尾
（食べやすい大きさに切る）
焼き豆腐…1丁
（食べやすい大きさに切る）
春菊…1束（ざく切り）
長ねぎ…2本（斜め切り）
ざらめ…適量
酒…1カップ
A｜だし汁…適量
　｜しょうゆ…大さじ3
卵…適宜（溶きほぐす）

作り方

1. 鍋を熱してざらめを入れ、溶けてきたら酒を加える。
2. アナゴ、豆腐、春菊、長ねぎ、Aを加え煮て、火が通ったら溶き卵につけていただく。

〈材料の魚〉
アナゴ

〈季節のおすすめ〉
夏　ウナギ

材料（4人分）
キンメダイ（切り身）…4切れ
大根…1/3本（すりおろす）
にんじん…1/2本（短冊切り）
しいたけ…4個
（軸を落とし、半分に切る）
かぶ…2個
（皮をむき縦の4つ割りに、
葉は長さ4㎝に切る）
だし汁（コンブ）…4カップ
A 薄口しょうゆ…大さじ3
A みりん…大さじ3
A 酒…大さじ3

作り方

1. キンメダイはひと口大に切り、サッと湯をかけて霜降りにする。
2. 鍋にだし汁、A、1、にんじん、しいたけ、かぶ、かぶの葉の順に入れて煮る。
3. 全体にほぼ火が通ったら大根おろしを加えサッと煮る。

仕上げの大根おろしは煮すぎないのがポイント

みぞれ鍋

〈材料の魚〉
キンメダイ

〈季節のおすすめ〉
春 タイ 
夏 ハモ 
秋 クエ 
冬 アンコウ 
ブリ 

〈材料の魚〉
イワシ

〈季節のおすすめ〉
夏 キビナゴ
冬 ワカサギ

水を使わずやわらかく煮る

無水煮

材料（4人分）
イワシ（頭、ハラワタをのぞいたもの）…4尾
たまねぎ…1/2個（薄切り）
塩…適量
白ワイン…大さじ2
オリーブオイル…適量
ハーブ（オレガノなど）…適量
粒マスタード…適量

作り方

1. 厚手の鍋にオーブンシートを敷き、たまねぎを広げてその上にイワシを並べ入れる。塩、白ワインをふってふたをし、弱火で蒸し煮にする。
2. 器に1を盛り、オリーブオイルをかけ、ハーブ、粒マスタードを添える。

パンチのある味つけだから
青魚の臭みも気にならない

韓国風煮

〈材料の魚〉
サンマ

〈季節のおすすめ〉
春 メバル 
夏 カレイ 
秋 イワシ 
サケ 
冬 タラ 

材料（4人分）

サンマ（頭、ハラワタをのぞいたもの）
…4尾（4等分に切る）
長ねぎ…1本
（5㎝分は白髪ねぎにし、残りはみじん切り）
水…1/2カップ
A 酒…大さじ3
A 砂糖…大さじ1
A しょうゆ…大さじ3
B にんにく…1かけ（みじん切り）
B しょうが…1かけ（みじん切り）
B コチュジャン…小さじ1
糸唐辛子…少々

作り方

1. 鍋に分量の水を入れ、沸騰したらAを加える。煮立ったらサンマを入れて煮汁をかけながら煮る。
2. サンマの色が変わったら、長ねぎのみじん切り、Bを加えてふたをし、弱火で20分ほど煮る。
3. 器に2を盛り、白髪ねぎ、糸唐辛子をのせる。

〈材料の魚〉
イサキ

〈季節のおすすめ〉
春 タイ 
夏 スズキ 
秋 アマダイ 
冬 メダイ 

淡白な味の白身魚は
カレーとの相性抜群！

白身魚とほうれん草のカレー

材料（4人分）

イサキ（切り身）
…4切れ（ひと口大に切る）
ほうれん草
…1束（みじん切り）
塩・こしょう…各適量
小麦粉…適量
サラダ油…適量
クミン（粒）…小さじ1
たまねぎ…1/2個（みじん切り）
にんにく…1かけ（みじん切り）
カレー粉…大さじ1と1/2
A プレーンヨーグルト…1カップ
A 水…1カップ
A ターメリック…小さじ1
A コンソメ（粉末）…適量
ご飯…茶碗4杯分

作り方

1. イサキは塩、こしょうをふり、小麦粉をまぶす。
2. フライパンにサラダ油を熱し、1を炒めて取り出す。
3. 2のフライパンにサラダ油を足し、クミン、にんにく、たまねぎを炒める。
4. カレー粉を加え、香りが立ったらほうれん草を加えて炒め、Aを入れてしばらく煮る。2の魚を戻し入れて塩、こしょうで味を調える。
5. 器にご飯を盛り、4をかける。

短時間で簡単。
煮すぎるとかたくなるので注意

煮貝

材料（つくりやすい分量）

貝（ツブガイ、バイガイなど）
…10個（よく洗う）
A しょうゆ…大さじ3
A 酒…大さじ3
A みりん…大さじ2

作り方

1. 鍋に貝を並べ、ひたひたになるくらいの水（分量外）を加えてひと煮立ちさせ、一度お湯だけを捨てる。
2. 1に、Aを入れたうえでひたひたになるくらいの水（分量外）を入れ、中火にかける。
3. 煮立ったら落としぶたをして弱火で10分ほど煮る。そのまま冷まして味をなじませる。

※ 貝の種類によっては、中毒症状を起こす成分を含む部位をもつものもある。殻つきの貝を買う際はお店の人に確認が必要

揚げる

「中はふっくら、外はカリッと」がおいしい揚げものの鉄則。高温で短時間で揚げるなど、しっかりポイントを押さえれば、家庭でもお店顔負けの揚げものができます。

「フライ」のポイント

1 塩、こしょうをふる

魚は塩、こしょうをふり、10〜15分冷蔵庫においてキッチンペーパーで水分をふく。

切り身　卵　パン粉　小麦粉

揚げたらすぐに甘酢につけると味がなじみやすい

南蛮漬け

材料（4人分）

アジ（三枚おろしにしたもの）…4尾
たまねぎ…1/2個（薄切り）
赤ピーマン…1/2個（薄切り）
塩…少々
小麦粉…適量
揚げ油…適量
A しょうゆ…大さじ2
A 酢…大さじ2
A 水…大さじ2
A 砂糖…大さじ1
唐辛子（乾燥）…1本

作り方

1. アジは縦半分に切り、塩をふり、小麦粉をまぶす。
2. 揚げ油を180℃に熱し、1を入れてこんがりと揚げる。
3. 混ぜ合わせたA、たまねぎ、赤ピーマン、唐辛子を和え、冷蔵庫で30分以上つける。

※ 冷蔵庫で5日保存可能

〈材料の魚〉
アジ

〈季節のおすすめ〉

春 サワラ 
夏 キス 
秋 サンマ 
サバ 
冬 ワカサギ

2 衣をつける

魚に小麦粉、卵、パン粉の順で衣をつける。

- 衣をはがれにくくしたい場合は、小麦粉、卵を2回くり返してからパン粉をつける。

3 揚げる

180℃の揚げ油で揚げる。

- 180℃の目安は、水でといた衣を一滴油に落とし、沈まずに油の表面でちる程度。
- 一度に揚げると温度が下がるので、2～3回に分ける。

リンゴ酢を使ってマイルドに

洋風南蛮漬け

材料（4人分）

アジ
（三枚おろしにしたもの）
…4尾
ミニトマト…4個（四つ切り）
パプリカ（赤、黄）
…各1/2個（5mm角に切る）
たまねぎ…1/2個（5mm角に切る）
塩…少々
小麦粉…適量
揚げ油…適量
A リンゴ酢…大さじ2
A 白ワイン…大さじ2
A 塩・こしょう…各少々
ハーブ…適量

作り方

1. アジはひと口大に切り、塩をふり、小麦粉をまぶす。
2. 揚げ油を180℃に熱し、1を入れてこんがり揚げる。
3. 混ぜ合わせたA、ミニトマト、パプリカ、たまねぎを和え、冷蔵庫で30分以上つける。

※ 冷蔵庫で5日保存可能。食べる前にハーブをちらす

「唐揚げ」のポイント

1 下味をつける

魚はつけ汁に20分以上つけ、軽く水気をふき、片栗粉を薄くまぶす。

- つけ汁の基本は、しょうゆ1と酒1におろししょうが少々。

2 揚げる

170℃の油で揚げて一度取り出し、温度を少し上げて再び揚げる。

- 170℃の目安は、水でといた衣を一滴油の中に落とし、途中まで沈み、すぐに浮かんでくる程度。
- 二度揚げすると、水分がとんでパリッと揚がる。

ビール入りの衣でふんわりと

ビール風味のフリット

〈材料の魚〉
タラ

〈季節のおすすめ〉
春 カツオ 
夏 カレイ 
秋 カジキ 
冬 フグ 

材料（4人分）

生タラ（切り身）…4切れ
（ひと口大に切る）
塩・こしょう…各適量
小麦粉…適量
A 小麦粉…1/2カップ
片栗粉…大さじ2
卵…1個
塩…適量
ビール…大さじ4
揚げ油…適量
水菜…適量（長さ5cmに切る）

作り方

1. タラはビニール袋に入れ、塩、こしょう、小麦粉を加えてまぶす。
2. ボウルにAを入れてざっくり混ぜ、ビールを加えて混ぜる。
3. 揚げ油を180℃に熱し、2の衣をつけた1を2〜4分揚げる。器に盛り、水菜を添える。

「天ぷら」のポイント

白身魚

小麦粉

卵

1 衣をつける

卵と冷水を混ぜ、小麦粉を加えてさっくりと混ぜ合わせた衣に魚をくぐらせる。

- 冷水を混ぜることでカラリとした仕上がりになる。
- 混ぜすぎると衣が重くなる。

2 揚げる

170 ～ 180℃の油でカラリと揚げる。

- 縦に引き上げると油切れがよい。
- 油のはじけるような音が裏返す目安。

〈材料の魚〉
カツオ

〈季節のおすすめ〉
春 マグロ 
夏 カンパチ 
秋 イワシ 
サバ 
冬 タラ 

手づくりさつま揚げ

魚は食感を楽しめるように粗めのみじん切りに

材料（4 人分）

カツオ（刺身用）…400g
（粗めのみじん切り）
長ねぎ…1 本
（粗めのみじん切り）
A
酒…大さじ 1
しょうゆ…小さじ 1
塩…小さじ 1/3
しょうが汁…小さじ 1
こしょう…少々
卵…1 個
片栗粉…大さじ 2
いりごま（白）…大さじ 1
揚げ油…適量
大根…適量（すりおろす）

作り方

1. ボウルにカツオ、A を入れ、手で粘りが出るまで混ぜる。長ねぎ、いりごまを加えてさらに混ぜ、直径 3 ～ 4㎝ほどの球状にする。
2. 揚げ油を 160℃に熱し、1 を入れ、浮いてきたら弱火にしてじっくりと火を通す。最後に強火にしてこんがりと揚げ、器に盛り、大根おろしを添える。

蒸す

余分なカロリーが抑えられ、素材本来のうまみを感じられるヘルシーな調理法で、白身魚などにおすすめ。
本格的な蒸し器がなくても、フライパンで簡単にできる蒸し方もご紹介します。

「蒸す」のポイント

1 塩をふる

魚に塩をふり、10 分ほどおく。
出た水分をふきとる。

丸の魚

切り身

しょうが

〈材料の魚〉
スズキ

〈季節のおすすめ〉

春 タイ 
夏 シタビラメ 
秋 アマダイ 
冬 ヒラメ 

ホイルに海のうまみを閉じ込めて

白身魚とワカメのホイル蒸し

材料（1 人分）

スズキ（切り身）…4 切れ
生ワカメ…適量（洗って食べやすく切る）
酒・塩…各適量
ゆず…1 個（半月切り）
水菜…少々（長さ 5cmに切る）
しょうゆ…大さじ 1

作り方

1. スズキに塩、酒をふり、しばらくおく。
2. アルミホイルにワカメを敷き、1 をのせ酒をふって包み、閉じる。
3. フライパンに 2 を置き、かぶらない程度の湯（分量外）を入れ、中火で 10 ～ 15 分蒸す。蒸しあがったら器に盛り、ゆず、水菜を添え、しょうゆをかけていただく。

2 蒸す

耐熱皿に長ねぎを敷き、魚をのせてその上にしょうがをのせ、10～15分蒸す。

・皿に野菜を敷くか少量の油を塗るかすると皮が皿にくっつかない。

3 器に盛る

魚を取り出し、ポン酢またはしょうゆをかける。

フライパンで蒸すコツ

蒸し器がなければ、深さ1～2㎝の水を入れたフライパンに耐熱皿を入れ、フタをして10～15分蒸せばOK。

やさしい甘みが凝縮！

きのこと魚の炒め蒸し

材料（4人分）

生ザケ（切り身）…4切れ
しめじ…1パック
（石づきを取り、小房に分ける）
たまねぎ…1/2個（薄切り）
塩・こしょう…各少々
小麦粉…適量
サラダ油…大さじ1
バター…大さじ2
白ワイン…大さじ3
水…1/2カップ
固形スープの素…1/4個（砕く）
レモン汁…1/2個分
レモン…1/2個（いちょう切り）

作り方

1. サケは半分に切り、塩、こしょうをふって、薄く小麦粉をまぶす。
2. フライパンにサラダ油を熱し、1を並べ入れ、両面に焼き色がついたら取り出す。
3. 2のフライパンにバターをとかし、たまねぎ、しめじを入れて炒める。しんなりとしてきたら2のサケを戻して白ワインをふる。
4. 分量の水、スープの素を加え、ふたをして2～3分蒸し煮にし、レモン汁をふる。火を止めてレモンを加える。

〈材料の魚〉
サケ

〈季節のおすすめ〉
春 カツオ
夏 スズキ
秋 カジキ
冬 メジナ
ブリ

香ばしい香りに食欲がそそられる

中華蒸し

〈材料の魚〉
エビ

〈季節のおすすめ〉
春 スズキ
夏 アジ
秋 カキ
冬 メジナ

材料（4人分）

エビ（ブラックタイガー・無頭）…12尾
長ねぎ…1本（斜め薄切り）
しょうが…1かけ（せん切り）
塩・こしょう…各適量
ごま油…適量
酒（あれば紹興酒）…大さじ2
A しょうゆ…大さじ1
A ごま油…大さじ1

作り方

1. エビは背にキッチンばさみで切り込みを入れ、背ワタをのぞき、塩、こしょうをふる。
2. フライパンにごま油を熱し、1を入れ、その上に長ねぎ、しょうがをちらし、酒をふる。
3. ふたをして加熱し、エビに火が通ったら器に盛り、混ぜ合わせたAをかける。

簡単かまぼこは酒のつまみにぴったり

手づくりかまぼこ

〈材料の魚〉
タラ

〈季節のおすすめ〉
春 サワラ
夏 イサキ
秋 ホッケ
冬 ムツ

材料（かまぼこ板2本分）

白身のすり身…250g
A みりん…大さじ1
A 塩…少々
A 卵白…卵1個分
練りわさび…適量

作り方

1. ボウルにすり身、Aを入れてよく混ぜ、かまぼこ板にのせ、半円柱状に成形する。
2. 蒸し器に1を入れ、中火で20分蒸す。蒸しあがったら食べやすい大きさに切って器に盛り、わさびを添える。

貝とキャベツのバター蒸し

貝のうまみをしっかり含んだ
キャベツは、ほっとなごむ味わい

〈材料の魚〉
アサリ

〈季節のおすすめ〉
春 ホタテ
　 ハマグリ
秋 カキ
冬 アワビ

材料（4人分）

アサリ…300g（砂抜きし、よく洗う）
キャベツ…1/4個（ざく切り）
にんにく…1かけ（すりおろす）
バター…大さじ1
酒…少々
粗挽きこしょう…少々

作り方

1. フライパンにバター、にんにくを入れて熱し、香りが立ったらキャベツを加えてサッと炒める。
2. 1にアサリをのせ、酒をふってふたをする。殻が開いたら粗挽きこしょうをふる。

切り身と白菜の重ね蒸し

しんなりした白菜と好相性。
レモン風味のマヨソースも絶品

材料（4人分）

生ザケ…4切れ
（斜め薄切り）
白菜…4枚
塩・こしょう…各適量
レモン…1/2個（輪切り）
A マヨネーズ…適量
A レモン汁…適量
A 粒マスタード…適量

作り方

1. サケは塩、こしょうをふり、水気をふきとる。
2. 耐熱皿にサケの1切れ分を並べ、白菜を1枚のせる。これをくり返し、最後の白菜の上にレモンをのせる。
3. 2にラップをかけて電子レンジで10分加熱し、食べやすい大きさに切る。お好みの割合で混ぜ合わせたAをかける。

〈材料の魚〉
サケ

〈季節のおすすめ〉
春 サワラ
夏 シタビラメ
秋 アマダイ
冬 ヒラメ

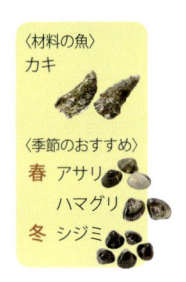

貝ご飯

貝のうまみエキスをたっぷり味わいたいならこれに決まり

〈材料の魚〉
カキ

〈季節のおすすめ〉
春 アサリ
ハマグリ
冬 シジミ

材料（つくりやすい分量）

カキ（加熱用）…150g
（塩水でよく洗い、真水ですすいで水気をきる）
米…2合
（といで水気をきる）
酒…1/4カップ
塩…少々
しょうゆ…大さじ1と1/3
しょうが…1かけ（せん切り）
万能ねぎ…少々（小口切り）

作り方

1. フライパンを熱し、カキを入れ、酒を加える。カキにしっかりと火が通ったら身と汁に分ける。
2. 炊飯器に米、1の汁、塩、しょうゆ、しょうがを入れ、2合目の目盛りまで水（分量外）を注ぎ入れて炊く。
3. 炊きあがったら1のカキを入れて蒸らし、器に盛って万能ねぎをちらす。

貝のピラフ

プリップリの身に感動

〈材料の魚〉
ハマグリ

〈季節のおすすめ〉
春 アサリ
秋 カキ

材料（つくりやすい分量）

ハマグリ（殻つき）…12個
（砂抜きし、水気をきる）
A オリーブオイル…大さじ1
A 酒…1/4カップ
A 水…1/4カップ
米…2合
（といで水気をきる）
塩…小さじ1/2
こしょう…少々
コンソメスープ…適量
せり…少々（ちぎる）

作り方

1. フライパンを熱し、ハマグリ、Aを入れふたをして弱めの中火で蒸す。殻が開いたら火を止め、貝と汁に分ける。
2. 炊飯器に米、1の汁、塩、こしょうを入れ、2合目の目盛りまでコンソメスープを注ぎ入れて炊く。炊きあがったら器に盛り、ハマグリをのせて、せりをちらす。

常備菜

意外と簡単につくれる保存食は、市販のものにはないひと味違ったおいしさがあります。ぜひ四季折々の魚で、オリジナルの保存食をつくってみてください。

自家製みりん干し

甘辛い味つけはご飯にぴったり。焦げやすいので予熱せず火にかけて

〈材料の魚〉
イワシ

〈季節のおすすめ〉

春 ニシン 

夏 アジ 

秋 サンマ 

サバ 

冬 フグ 

干物を焦がさないで焼くコツ

グリルで干物を焼くと表面がすぐ焦げてしまったり、身がかたくなったりすることがある。自信がないときはアルミホイルに包んで蒸し焼きにすると、焦げることなく身もふっくらおいしく焼ける。ホイルがふくらんでくるので、様子を見て穴をあける。

材料（つくりやすい分量）

イワシ
（頭、ハラワタをのぞいたもの）
…4～8尾

A
- しょうゆ…3/4カップ
- 酒…1/2カップ
- みりん…大さじ1
- 砂糖…大さじ1
- 酢…大さじ1

白ごま…適量
大根おろし…適量

作り方

1. イワシは手で開き、バットに並べ、混ぜ合わせたAを加えて1時間つける。
2. ザルに取り、白ごまをふり、風通しのよい日陰で3時間から半日干す。
3. 魚焼きグリルで2をこんがりと焼く。大根おろしを添える。

基本の「アジの干物」

1 塩水にひたす

手開き（P150参照）のアジを、塩水に30分つけて水気をふく。

・塩水は塩分3%程度（水5カップに対して塩大さじ1）がちょうどよい。

2 塩をふる

魚に塩をふり、臭いが気になるようなら、酒少々をふる。

3 天日干しにする

干し網で1～2日間天日干しにする。

・干し網がなければ、ハンガーや洗濯物干しを使い、虫よけ、鳥よけの網をかければOK。

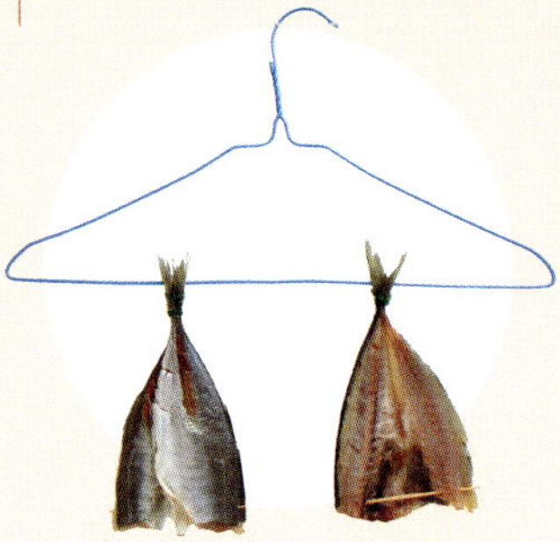

コンブの風味が刺身にしっかりしみ込む こぶ締め

材料（つくりやすい分量）

タイ（刺身用）…1サク
コンブ（乾燥）…長さ15cm×2枚
（水で10分もどし、水気をふく）
塩…少々

作り方

1. タイに塩をふって5～10分おき、コンブで包む。
2. ラップをかけて冷蔵庫で2時間からひと晩おく。

※ 冷蔵庫で2～3日保存可能

〈材料の魚〉
タイ

〈季節のおすすめ〉
春 サワラ 
夏 アジ 
スズキ 
秋 カワハギ 
冬 ヒラメ 

オイルサーディンのハーブ焼きオープンサンド

缶詰を使えば、忙しい朝でもラクラク

材料（4人分）

オイルサーディン（缶詰）…2缶（約200g）
たまねぎ…1/2個（みじん切り）
マッシュルーム…4個（薄切り）
食パン…4枚
ローズマリー…1枝
塩・粗挽きこしょう…各少々

作り方

1. 耐熱皿にたまねぎを敷き、オイルサーディンとマッシュルームを交互に並べ、缶に残った汁をかける。
2. 塩、こしょうをふり、ローズマリーをのせ、オーブントースターで焼き色がつくまで3～4分焼く。
3. トーストした食パンに2をのせていただく。

カキのくんせい

中華鍋と茶葉でつくる
お手軽くんせい

材料（つくりやすい分量）

生ガキ（加熱用）…300g
塩・こしょう…各少々
ざらめ…1/2カップ
番茶の葉…ひとつかみ

作り方

1. カキは塩水でよく洗い、サッとゆでて塩、こしょうをふる。
2. 中華鍋全体にアルミホイルを敷き、ざらめをのせ、番茶をふる。鍋の底から10㎝の高さに焼き網を置いて、カキが重ならないように並べる。
3. ふた（ボウルなどでもOK）をし、カキが琥珀色になり、ふっくらするまで中火で20～30分いぶす。

※ 冷蔵庫で1週間保存可能

上品な味つけが魅力。
焦げないようにじっくり焼いて

かす漬け

材料（4人分）

甘塩ザケ…4切れ
酒かす（板状）…100g
（粗くちぎる）
酒…1/4カップ
砂糖…大さじ1と1/2
みりん…大さじ1
ししとう…適量
大根…適量（すりおろす）

作り方

1. ボウルに酒かす、酒を入れ、ひと晩おく。
2. すり鉢に1を入れ、砂糖、みりんを加えてすり混ぜる。かたいようなら酒（分量外）を足して、なめらかになるまで混ぜる。
3. ラップに大さじ1程度の2のかす床を敷き、サケをひと切れ置く。その上に再び大さじ1程度の2をのせ、きっちりラップで包み、冷蔵庫でひと晩つける。残りも同様につくる。
4. かす床をふきとりながら3のサケを取り出し、水気をふく。魚焼きグリルでししとうとともに焦がさないように焼き、器に盛って大根おろしを添える。

〈材料の魚〉
サケ

〈季節のおすすめ〉
春 サワラ 
マナガツオ 
夏 スズキ 
秋 アマダイ 
冬 タラ 

おうちでつくればうまさ倍増

手づくりツナフレーク

〈材料の魚〉
マグロ

〈季節のおすすめ〉
春 カツオ 
秋 カジキ 

材料（つくりやすい分量）

マグロ（刺身用）…適量
塩・粗挽きこしょう…各適量
オリーブオイル…適量
ベビーリーフ…適量
レモン…適量

作り方

1. 保存用ポリ袋に塩、粗挽きこしょうをふったマグロ、オリーブオイルを入れて、ひと晩おく。
2. 鍋に湯を80℃くらいに沸かし、1を入れて袋の口を閉じ、マグロの色が変わるまで煮る。冷まして身を適度にほぐす。ベビーリーフ、レモンを添える。

※ 冷蔵庫で3～4日保存可能

酢じょうゆ漬け

下準備は水で洗うだけ。酢じょうゆでさっぱりと召し上がれ

〈材料の魚〉
ワカサギ

〈季節のおすすめ〉
春 ニシン
夏 キス
秋 イワシ
冬 コノシロ

材料（4人分）

ワカサギ…20～30尾
（水でサッと洗う）
サラダ油…大さじ1
酒…1/2カップ
A しょうゆ…人さじ3
A 唐辛子（乾燥）…2～3本
A 酢…1/2カップ

作り方

1. フライパンにサラダ油を熱してワカサギをサッと炒め、酒を加えて強火でアルコール分をとばしてすぐに火を止める。
2. ボウルにAを入れ、よく混ぜ合わせて、1を加え冷蔵庫で1時間以上つける。

※ 冷蔵庫で2～3日保存可能

サバみそ缶チゲ

缶詰と市販のキムチで本格チゲ

材料（4人分）

サバのみそ煮缶詰…2缶（約400g）
白菜キムチ…200g
（ひと口大に切る）
木綿豆腐…1丁（5cm角に切る）
長ねぎ…1/2本（斜め切り）
もやし…1/2袋
にら…2～3本（5cm長さに切る）
水…2カップ半
みそ…大さじ2

作り方

1. 鍋に分量の水を入れ、沸騰したら長ねぎ、もやしを加える。
2. 1がやわらかくなったらサバを缶の汁ごと加え、さらにキムチ、豆腐、にら、みそを加えて軽く煮る。

白身魚のでんぶ

下処理をしっかりして、生臭みを防ぐ

〈材料の魚〉
タラ

〈季節のおすすめ〉
春 メバル
タイ
夏 スズキ
秋 カマス
冬 メダイ

材料（つくりやすい分量）

生ダラ（切り身）…2切れ
A しょうゆ…大さじ2
A 砂糖…大さじ3～4
A 酒…大さじ1/2～1

作り方

1. タラはしっかりゆで、水にさらし、水気をきったら皮、血合、骨を取りのぞく。
2. ぬらしてかたく絞ったさらしの袋に1を入れ、まな板の上に置く。すりこぎでまんべんなくたたき、袋の口を閉じて流水で水が濁らなくなるまでもみ洗いし、水気を絞る。
3. フライパンを熱し、2の中身、混ぜ合わせたAを入れ、しっかり炒る。

手づくりふりかけ

冷蔵庫の残りもので

ツナとおから

材料（つくりやすい分量）

ツナの缶詰…大1/2缶
（汁気をよくきってこまかくほぐす）
おから…50g
A しょうゆ…大さじ1
A みりん…大さじ1
A 酒…大さじ1
A 砂糖…大さじ1
A 塩…ひとつまみ
B すりごま…小さじ2
B 粉山椒…小さじ1

作り方

1. ツナ、おから、Aをよく混ぜ合わせて耐熱皿に広げ、ラップをかけ電子レンジで4分加熱する。
2. 1をよく混ぜ、ラップをかけずにさらにレンジで2分加熱する。この工程をもう一度くり返す。
3. 2が冷めて乾いたらBを加え、よく混ぜ合わせる。

焼き魚フレーク

材料（つくりやすい分量）

焼き魚…1切れ（身を細かくほぐし、皮と骨を取る）
梅干し…1個（タネを取り、果肉を包丁でたたく）
しょうが…20g（みじん切り）
大葉…3枚（みじん切り）
A 酒…1/2カップ
A しょうゆ…大さじ2
A みりん…大さじ1

作り方

1. 鍋にAを入れて弱火にかけ、煮立ったら焼き魚、梅干し、しょうがを加える。
2. 1を混ぜながら汁気がなくなるまで煮詰める。冷めたら大葉と混ぜ合わせる。

サクラエビと煮干し

材料（つくりやすい分量）

煮干し…100g
（頭とハラワタを取りのぞく）
サクラエビ（乾燥）…20g
白ごま（包丁で細かく切る）
…大さじ3
青のり…大さじ1

作り方

1. 煮干しとサクラエビを包丁で細かく刻み、さらにすり鉢で細かくする。
2. 切りごまと青のりを入れ、よく混ぜ合わせる。

魚の名称さくいん

ア

カ

タ

ナ

ハ

マ

ヤ

ラ

ワ

郷土料理のさくいん

協力（企業・団体）

【北海道】

北海道 - ①　知床羅臼町観光協会
tel 0153-87-3360

北海道 - ②　釧路和商協同組合事務局
tel 0154-22-3226

北海道 - ③　むかわ町産業振興課経済グループ
tel 0145-42-2416

北海道 - ④　（一社）函館国際観光コンベンション協会
http://www.hakodate-kankou.com

北海道 - ⑤　奥尻町役場地域政策課
tel 01397-2-3404

北海道 - ⑥　札幌二条魚町商業協同組合
tel 011-222-5308

北海道 - ⑦　場外市場中心街商業組合
tel011-621-7044

北海道 - ⑧　石狩市商工労働観光課
tel 0133-72-3167

北海道 - ⑨　山小小林食品（株）
tel 011-716-0510

北海道 - ⑩　佐藤水産鮨（株）
tel 0123-29-3100

北海道 - ⑪　（株）札幌駅立売商会弁菜亭
tel 011-721-6101

北海道 - ⑫　旭川駅立売（株）
tel 0166-31-1515

北海道 - ⑬　（株）釧祥館
tel 0154-22-9460

北海道 - ⑭　函館朝市協同組合連合会
tel 0138-22-7981

【青森】

青森 - ①　青森県農林水産部総合販売戦略課
tel 017-722-1111

青森 - ②　（有）田向商店
tel 017-741-0936

青森 - ③　外ヶ浜町役場産業観光課
tel 0174-31-1228

青森 - ④　八食センター
tel 0178-28-9311

青森 - ⑤　（株）味の加久の屋
tel 0120-34-2444

青森 - ⑥　いちご煮祭り実行委員会（階上町商工会）
tel 0178-88-2045

青森 - ⑦　（有）大和家
青森 - ⑧　（株）吉田屋
tel 0178-27-4554

青森 - ⑨　JF 青森漁連アスパム直営店
tel 017-773-3633

青森 - ⑩　（株）ディメール
tel 0178-45-4900

【岩手】

岩手 - ①　久慈市産業振興部商工観光課
tel 0194-52-2111

岩手 - ②　（一社）宮古観光文化交流協会
tel 0193-62-3534

岩手 - ③　宮古市産業振興部商業観光課
tel 0193-68-9091

岩手 - ④　釜石市産業振興部観光交流課
tel 0193-22-2111

岩手 - ⑤　（有）中村家
tel 0120-56-7070

岩手 - ⑥　大船渡市商業観光課
tel 0192-27-3111

岩手 - ⑦　岩手県農林水産部流通課
tel 019-629-5739

岩手 - ⑧　小野食品（株）
tel0120-343-534

岩手 - ⑨　洋野町水産商工課商工観光係
tel0194-65-5916

岩手 - ⑩　（株）斎藤松月堂
tel 0191-26-3000

岩手 - ⑪　（有）あべちう
tel0191-23-2490

岩手 - ⑫　木村商店
tel 0193-83-5510

岩手 - ⑬　普代村商工観光対策室
tel 0194-35-2115

【宮城】

宮城 - ①　気仙沼市産業部観光課
tel 0226-22-6600

宮城 - ②　宮城県商工観光部観光課
tel 022-211-2822

宮城 - ③　七ヶ浜町産業課
tel 022-357-7443

宮城 - ④　山元町産業振興課
tel 0223-37-1119

宮城 - ⑤　水月堂物産（株）
tel 0225-97-5225

宮城 - ⑥　（株）こばやし
tel 022-293-1661

【秋田】

秋田 - ①　はちもり観光市組合
tel 0185-77-3774

秋田 - ②　男鹿市産業建設部観光商工課
tel 0185-24-9141

秋田 - ③　秋田市商工部観光物産課
tel 018-866-2112

秋田 - ④　こまち食品工業（株）
tel 0185-83-2740

秋田 - ⑤　（株）諸井醸造
tel 0185-24-3597

秋田 - ⑥　（株）関根屋
tel 018-833-6461

秋田 - ⑦　にかほ市観光課
tel 0184-38-2300

【山形】

山形 - ①　（一社）酒田観光物産協会
tel 0234-24-2233

山形 - ②　酒田市観光振興課
tel 0234-26-5759

山形 - ③　（株）丸甚商事滝水亭
tel 0235-25-6311

山形 - ④　丸原鯉屋
tel 0237-84-2752

山形 - ⑤　山形県農林水産部６次産業推進課
tel 023-630-2221

山形 - ⑥　（有）松川弁当店
tel 0238-29-0141

【福島】

福島 - ① 福島県農林水産部水産課
tel 024-521-7374

福島 - ② 山菱水産（株）
tel 0246-52-1717

福島 - ③ （株）会津二丸屋
tel 0242-28-1208

【茨城】

茨城 - ① （一社）茨城県観光物産協会
tel 029-226-3800

茨城 - ② 北茨城市商工観光課
tel 0293-43-1111

茨城 - ③ 鹿嶋市観光協会
tel 0299-82-7730

茨城 - ④ （有）こうじや
tel 029-267-5104

茨城 - ⑤ 大竹海岸海の家山田売店
tel 0291-32-3964

茨城 - ⑥ 小沼水産（株）
tel 029-896-1111

【千葉】

千葉 - ① 東庄町商工会
tel 0478-86-3600

千葉 - ② 銚子市産業観光部観光商工課
tel 0479-24-8707

千葉 - ③ （一社）銚子青年会議所
tel 050-3786-0285

千葉 - ④ 銚子市漁業協同組合外川支所
tel 0479-22-3200

千葉 - ⑤ 勝浦市観光商工課
tel 0470-73-6641

千葉 - ⑥ （一社）御宿町観光協会
tel 0470-68-2414

千葉 - ⑦ 南房総市観光プロモーション課
tel 0470-33-1091

千葉 - ⑧ 旭市秘書広報課
tel 0479-62-8070

【東京】

東京 - ① （株）日本橋鮒佐
tel 03-3270-2731

東京 - ② 水引草
東京 - ③ （株）日本レストランエンタプライズ
tel 0120-658-078

東京 - ④ 神津島村産業観光課
tel 04992-8-0011

【神奈川】

神奈川 - ① 三崎朝市協同組合
tel 046-881-4488

神奈川 - ② （公社）神奈川県観光協会
tel 045-681-0007

神奈川 - ③ 三浦商工会議所
tel 046-881-5111

神奈川 - ④ （株）大船軒
tel 0120-014-541

【静岡】

静岡 - ① （一社）下田市観光協会
tel 0558-22-1531

静岡 - ② 松崎町企画観光課
tel 0558-42-3964

静岡 - ③ （公社）静岡県観光協会
http://www.hellonavi.jp/

静岡 - ④ （株）カネジョウ
tel 054-385-6181

静岡 - ⑤ 清水魚市場河岸の市
tel 054-355-3575

静岡 - ⑥ 石原水産（株）
tel 054-629-7420

静岡 - ⑦ 御前崎市観光協会
tel 0548-63-2001

静岡 - ⑧ （株）桃中軒
tel 055-963-0154

【愛知】

愛知 - ① 愛知県振興部観光局観光コンベンション課
「愛知グルメ図鑑」
http://www.pref.aichi.jp/kanko/gourmet/index.html

愛知 - ② 一色さかな広場
tel 0563-72-3700

愛知 - ③ （一社）愛知県観光協会
http://www.aichi-kanko.jp/

愛知 - ④ 南知多町観光協会
tel 0569-65-3100

【三重】

三重 - ① （公社）三重県観光連盟
tel 059-224-5904

三重 - ② 三重県農林水産部フードイノベーション室
tel 059-224-2391

【新潟】

新潟 - ① （公社）新潟県観光協会
tel 025-283-1188

新潟 - ② （株）加島屋
tel 0120-00-5050

新潟 - ③ （一社）柏崎観光協会
tel 0257-22-3163

新潟 - ④ 寺泊観光協会
tel 0258-75-3363

新潟 - ⑤ 日本海鮮魚センター
tel 0257-22-4910

新潟 - ⑥ 糸魚川市観光協会
tel 025-552-1742

新潟 - ⑦ （一社）佐渡観光協会
tel 0259-27-5000

新潟 - ⑧ （株）池田屋
tel 0258-33-2430

【富山】

富山 - ① 海の駅蜃気楼
tel 0765-24-4301

富山 - ② とやま観光案内所
tel 076-432-9751

富山 - ③　道の駅カモンパーク新湊
tel 0766-83-0111

富山 - ④　富山県農林水産部農産食品課食のブランド推進班
tel 076-444-3271

富山 - ⑤　富山県観光地域振興局観光課
tel 076-444-4498

富山 - ⑥　高岡なべ祭り実行委員会（末広開発㈱）
tel 0766-20-0555

富山 - ⑦　（有）京吉
tel 0766-55-3498

【石川】

石川 - ①　（株）能登前・幸寿し
tel 0768-52-2114

石川 - ②　能登の魚醤油いしり物語
http://www.ishiri.jp/

石川 - ③　ほっと石川 旅ネット
http://www.hot-ishikawa.jp/

石川 - ④　（株）高野商店
tel 0761-72-3311

【福井】

福井 - ①　（公社）福井県観光連盟
tel 0776-23-3677

福井 - ②　（株）番匠本店
tel 0776-57-0849

【京都】

京都 - ①　（有）祇園藤村屋
tel 075-561-0617

京都 - ②　京都錦市場商店街振興組合
tel 075-211-3882

京都 - ③　京都府丹後広域振興局農林商工部商工労働観光室
tel 0772-62-4304

【兵庫】

兵庫 - ①　神戸市産業振興局中央卸売市場運営本部本場
tel 078-672-8152

兵庫 - ②　（一社）明石観光協会
http://www.yokoso-akashi.jp/

兵庫 - ③　（有）はりま十水堂
tel 079-276-4602

兵庫 - ④　魚の棚商店街事務所
tel 078-911-9666

兵庫 - ⑤　兵庫県淡路県民局洲本農林水産振興事務所
農政振興第１課
tel 0799-26-2097

兵庫 - ⑥　（株）淡路屋
tel 078-481-1682

【大阪】

大阪 - ①　（株）空港専門大店
tel 06-4865-7700

大阪 - ②　黒門市場商店街振興組合
tel 06-6631-0007

大阪 - ③　岸和田市観光振興協会「岸ぶら」
tel 072-436-0914

大阪 - ④　（公財）大阪観光コンベンション協会
http://www.osaka-info.jp/

【和歌山】

和歌山 - ①　和歌山県広報課
tel 073-441-2034

和歌山 - ②　桝悦商店
tel 0735-72-1202

和歌山 - ③　（株）和歌山水了軒
tel 073-475-6150

和歌山 - ④　（株）たな梅本店
tel 0739-22-5204

【鳥取】

鳥取 - ①　鳥取県市場開拓局食のみやこ推進課
tel 0857-26-7835

鳥取 - ②　境港市観光協会観光案内所
tel 0859-47-0121

鳥取 - ③　（一社）境港水産振興協会
tel 0859-44-6668

【島根】

島根 - ①　（公社）島根県観光連盟
tel 0852-21-3969

島根 - ②　しまねお魚センター
tel 0855-23-5500

島根 - ③　浜田市観光交流課
tel 0855-25-9530

島根 - ④　（資）一文字家
tel 0852-22-3755

【山口】

山口 - ①　下関市観光交流部観光政策課
tel 083-231-1350

山口 - ②　協同組合下関ふく連盟
tel 083-267-8181

山口 - ③　（一社）山口県観光連盟
tel 083-924-0462

山口 - ④　道の駅萩しーまーと
tel 0838-24-4937

山口 - ⑤　山口県農林水産部ぶちうまやまぐち推進課
tel 083-933-3360

山口 - ⑥　小郡駅弁当（株）
山口 - ⑦　下関あんこうプロジェクト（㈱タカマ）
tel 083-234-3666

山口 - ⑧　（公社）萩市観光協会
tel 0838-25-1750

山口 - ⑨　岩国市産業振興部観光振興課
tel 0827-29-5116

【岡山】

岡山 - ①　（公社）岡山県観光連盟
tel 086-233-1802

岡山 - ②　岡山県水産課水産普及推進班
tel 086-226-7398

岡山 - ③　岡山県備前県民局地域政策部
地域づくり推進課
tel 086-233-9890

岡山 - ④　（有）せとうち味倶楽部
tel 086-232-6667

岡山 - ⑤　（株）三好野本店
tel 086-200-1717

【広島】

広島 - ①　広島県商工労働局観光課
tel 082-513-3389

広島 - ②　江田島市産業部商工観光課
tel 0823-40-2771

広島 - ③　（公財）広島市農林水産振興センター水産部
tel 082-277-6609

広島 - ④　広島駅弁当（株）
tel 082-286-0181

広島 - ⑤　（株）浜吉
tel 0848-62-2121

広島 - ⑥　ひろしま夢ぷらざ
tel 082-544-1122

【香川】

香川 - ①　香川県農政水産部水産課
tel 087-832-3471

香川 - ②　（公社）香川県観光協会
http://www.my-kagawa.jp/

香川 - ③　どじょ輪ピック in さぬき実行委員会
tel 090-8698-7590

【愛媛】

愛媛 - ①　（一社）愛媛県観光物産協会
tel 089-961-4500

愛媛 - ②　南予広域連携観光交流推進協議会
tel 0895-22-5211

愛媛 - ③　八幡浜市産業建設部水産港湾課
tel 0894-22-5989

愛媛 - ④　（株）二葉
tel 0898-22-1859

【徳島】

徳島 - ①　徳島県商工労働観光部観光政策課
tel 088-621-2339

徳島 - ②　鳴門市経済建設部農林水産課
tel 088-684-1151

徳島 - ③　和田島漁業協同組合
tel 0120-414-752

【高知】

高知 - ①　（公財）高知県観光コンベンション協会
tel 088-823-1434

【大分】

大分 - ①　大分県企画振興部観光・地域局観光・地域振興課観光企画班
tel 097-506-2122

【福岡】

福岡 - ①　（公社）福岡県観光連盟
tel 092-645-0019

福岡 - ②　旦過市場
tel 093-521-4140

福岡 - ③　福岡市
http://www.city.fukuoka.lg.jp/showcase/index.html

福岡 - ④　北九州市産業経済局食の魅力創造・発信室
tel 093-582-2080

【佐賀】

佐賀 - ①　佐賀県農林水産商工本部水産課
tel 0952-25-7144

佐賀 - ②　（一社）佐賀県観光連盟
http://www.asobo-saga.jp/

佐賀 - ③　（一社）唐津観光協会
tel 0955-74-3355

【長崎】

長崎 - ①　（一社）長崎県観光連盟
tel 095-826-9407

長崎 - ②　（一社）平戸観光協会
tel 0950-23-8600

長崎 - ③　させぼパール・シー（株）
tel 0956-28-4187

長崎 - ④　佐世保観光情報センター
tel 0956-22-6630

【宮崎】

宮崎 - ①　（公財）みやざき観光コンベンション協会
http://www.kanko-miyazaki.jp/

【熊本】

熊本 - ①　（株）熊本地方卸売市場
tel 096-323-2001

熊本 - ②　天草市商工会有明支所
tel 0969-53-0056

熊本 - ③　熊本県商工観光労働部観光課観光振興班
tel 096-333-2335

熊本 - ④　（一社）天草宝島観光協会
tel 0969-22-2243

【鹿児島】

鹿児島 - ①　鹿児島市経済局観光交流部観光振興課
tel 099-216-1327

鹿児島 - ②　いちき串木野市水産商工課水産港湾係
tel 0996-33-5637

鹿児島 - ③　（株）枕崎お魚センター
tel 0993-73-2311

鹿児島 - ④　（公社）鹿児島県観光連盟
http://www.kagoshima-kankou.com/

鹿児島 - ⑤　（株）松栄軒
tel 0996-62-0617

鹿児島 - ⑥　屋久島漁業協同組合上屋久支所
tel 0997-44-2011

【沖縄】

沖縄 - ①　（一財）沖縄観光コンベンションビューロー

沖縄 - ②　（一社）那覇市観光協会「那覇ナビ」
http://www.naha-navi.or.jp/

沖縄 - ③　（有）大河
tel 098-831-6236

日本さかな検定(ととけん)の試験内容・受検に関するお問い合わせ
日本さかな検定運営事務局
TEL：03-3233-4808
(土・日・祝日を除く平日 10:00〜12:00および14:00〜17:00)

※本書の内容は、2011年2月末までに集めた写真や情報をもとに構成しています。

からだにおいしい魚の便利帳

全国お魚マップ&万能レシピ

編　者　高橋書店編集部
発行者　高橋秀雄
発行所　**株式会社 高橋書店**
〒112-0013　東京都文京区音羽1-26-1
電話　03-3943-4525
ISBN978-4-471-03393-4　　Printed in Japan

定価はカバーに表示してあります。

本書の内容についてのご質問は「書名、質問事項(ページ、内容)、お客様のご連絡先」を明記のうえ、郵送、FAX、ホームページお問い合わせフォームから小社へお送りください。
回答にはお時間をいただく場合がございます。また、電話によるお問い合わせ、本書の内容を超えたご質問にはお答えできませんので、ご了承ください。本書に関する正誤等の情報は、小社ホームページもご参照ください。

【内容についての問い合わせ先】
書　面　〒112-0013　東京都文京区音羽1-26-1　高橋書店編集部
ＦＡＸ　03-3943-4047
メール　小社ホームページお問い合わせフォームから　(http://www.takahashishoten.co.jp/)

【不良品についての問い合わせ先】
ページの順序間違い・抜けなど物理的欠陥がございましたら、電話03-3943-4529へお問い合わせください。
ただし、古書店等で購入・入手された商品の交換には一切応じられません。

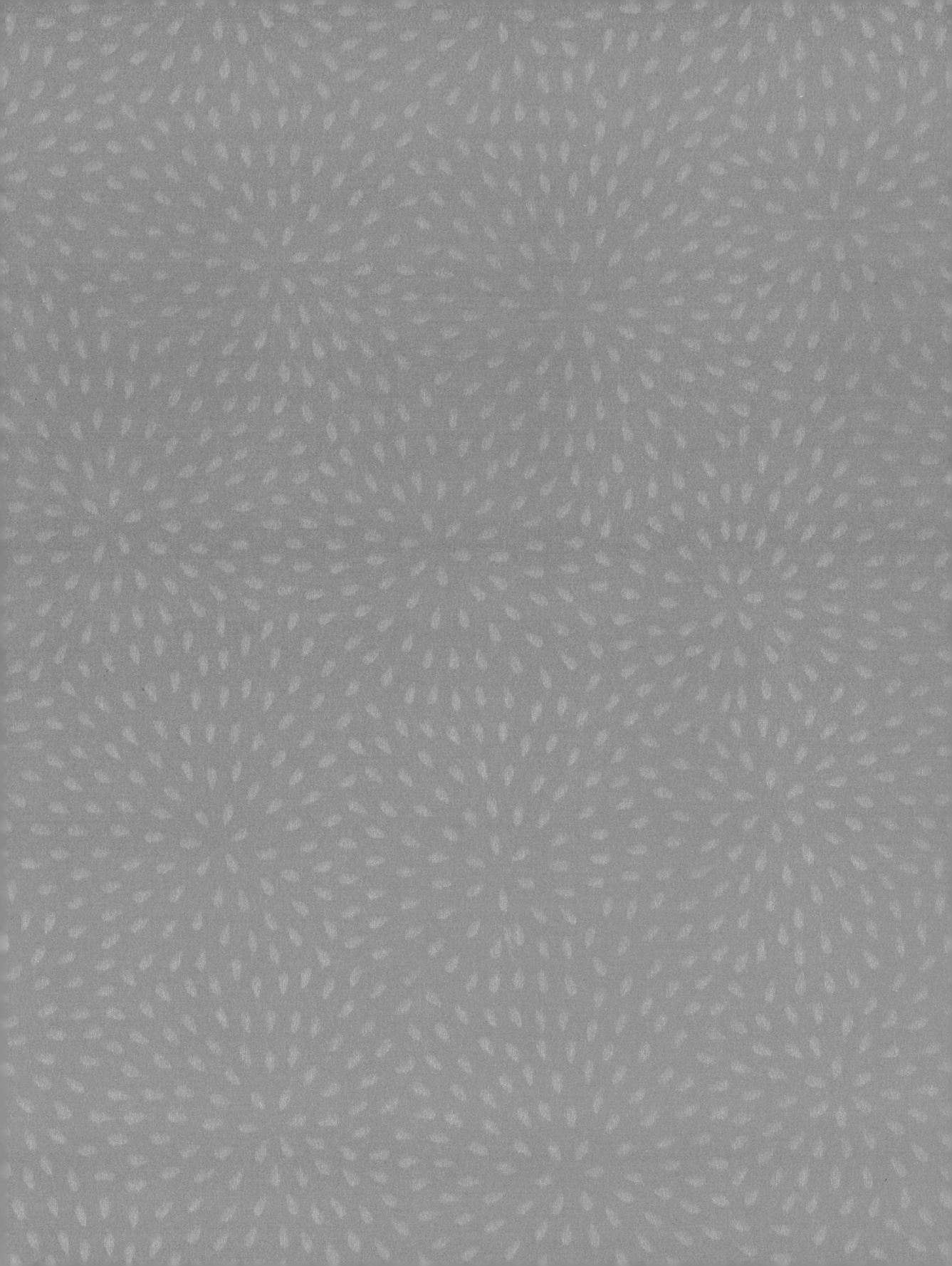